구청장의 **일**

탁트인 영등포
민선7기 4년의 기록

구청장의 일

채현일 지음

더봄

구민과 함께 더 나은 미래,
탁트인 영등포!

탁트인 영등포! 그것은 38만 구민과의 소통과 협치, 그리고 1,400여 직원들의 헌신과 열정에 붙여져야 할 이름입니다. 책을 내면서 가장 먼저, 영등포의 새 역사를 함께 쓰고 있는 영등포구 직원 여러분께 깊은 감사의 마음을 전합니다.

많은 분들이 책의 제목을 《구청장의 일》이라고 지은 것에 대해 궁금해 하실 것입니다. 구청장은 어떠한 말과 약속보다는 일로, 결과로 자신을 증명해야 한다는 소신을 반영하여 이러한 제목을 짓게 되었습니다.

구청장으로서 일을 하는 과정, 지난 4년 동안 많은 분들이 큰 힘과 도움을 주셨습니다. 저를 묵묵히 믿어주시고 함께해주신 구민 여러분이 떠오릅니다. 38만 구민 여러분, 진심으로 감사드립니다.

그리고 지면을 빌려 감사의 마음을 전하고 싶은 분들이 계십니다. 미래를 내다보는 통찰력과 탁월한 안목으로 영등포구 발전과 도약을 위해 몸소 발로 뛰어주시고 제게 아낌없는 조언을 주신 김영주, 김민석 두 분 국회의원님께 진심으로 감사드립니다. 더불어 구정의 동반자로서 든든한 힘이 되어 주시는 시·구의원님, 무엇보다 코로나19로부터 구민의 생명과 안전을 위해 혼신의 노고를 다해주신 영등포구청 직원 여러분께 깊은 감사의 마음을 전합니다.

영등포구가 서울 서남권 종가댁의 위상을 되찾고 서울의 대표 도시로 우뚝 서기 위해 구민 여러분과 끊임없이 소통하며 현장을 걷고 또 걸어 왔습니다. 구민의 삶이 더 나아지도록 발품행정, 적극행정, 혁신행정을 펼치며 피부에 와 닿는 변화를 하나하나 만드는 데 노력해 왔습니다. 50년 묵은 영등포의 3대 숙원사업인 영등포역 앞 노점, 쪽방촌, 성매매집결지를 정비하는 괄목할 만한 결실을 얻었고, 지난 4년 동안의 성과를 주춧돌 삼아 구민과 함께 더 나은 미래를 향해 힘차게 나아가고 있습니다.

이 책은 민선7기, 지난 4년간의 기록이자 성찰입니다. '탁트인 영등포'를 구정 슬로건으로 삼아 도시를 재정비하고 이를 발판으로 영등포의 재도약, 나아가 '영등포 르네상스'를 이루고자 달려온 발자취를 기록했습니다. 거창한 담론이나 이상보다는 민생현장을 파고드는 현실적이고 구체적인 이야기를 담았습니다. 이렇게 책을 내게 된 것은 지난 성과를 정리함과 동시에 미흡했거나 아쉬웠던 부분을 되돌아보기 위함이고, 이는 미래를 준비하는 구청장의 중요한 과제라고 생각합니다.

1부 〈탁트인 영등포〉에서는 영등포의 과거와 현재, 도시의 성장 과정을 돌아보며 발전을 가로막고 있는 문제점을 진단했습니다. '탁트인 영등포'는 영등포라는 도시가 나아가야 할 지향점이고 구정의 나침반입니다. 단순한 구호를 넘어 영등포의 시대정신입니다. 탁트인 영등포를 향한 민선7기 대표 사업은 구민 3대 숙원 해결을 꼽을 수 있습니다. 취임 8개월 만에 영등포역 앞 불법 노점을 평화롭게 정비했습니다. 그리고 대한민국 산업화와 함께 서민들의 애환이 서려 있는 쪽방촌과 서울에서 마지막으로 남은 성매매집결지를 도시계획에 따라 순조롭게 정비해 나가고 있습니다. 영등포의 관문이자 상징인 영등포역 일대의 대대적인 변화에서 시작된 영등포의 기분 좋은 발전을 책 서두에 담으면서 구민 여러분이 내신 세금이 아깝지 않도록 최선을 다해온 지난 시간이 가치가 있었다는 생각을 했습니다.

2부 〈영등포 르네상스〉는 구정 5대 목표의 성과들을 정리했고, 영등포의 미래 성장 방향을 담았습니다. 꿈이 실현되는 교육문화도시, 조화로운 성장 경제도시, 쾌적한 주거 안심도시, 더불어 잘사는 복지도시를 만들기 위한 민선7기의 대표적인 노력, 그리고 결실들이 담겨 있습니다. 많은 사업 중에서 주민이 체감할 수 있는 실질적이고 뚜렷한 변화를 중점적으로 적었고, 영등포의 재도약인 '영등포 르네상스'에 대한 구상과 핵심과제도 짚어 보았습니다.

3부 〈구청장의 일〉은 구청장으로서 제가 갖추고자 했던 덕목과 역량, 구정철학에 대한 것입니다. 현장·중용·균형·공정·투명의 5대 가치가 구정 운영의 나침반으로 어떻게 세워지게 되었는지를 이야기합니다. 특히 소통과 협치, 청렴, 위기관리 능력이 구청장의 중요한 자질이고 소양이라고 정리했습니다. 무엇보다 구민의 눈높이에서 구민의 목소리에 귀를 기울이며 피부에 와 닿는 청소, 주차, 보행환경 개선 등 기초행정에 심혈을 기울였다는 점을 말하고 싶었습니다.

민선7기 많은 성과들 이면에는 아쉬움과 반성의 마음도 깃들어 있습니다. 저에게는 지난 4년을 돌아보는 성찰의 시간이기도 했습니다. 서울 3대 도심, 영등포구는 가장 역동적이고 무한한 잠재력을 가진 도시입니다. 끊임없는 도약을 통해 쾌적하고 살기 좋은 도시로 변모하고 있습니다. 서울의 중심에서 대한민국의 으뜸 도시로 나아가는 영등포, 품격 있는 도시에 걸맞는 구청장이 되어야 한다는 자기 채찍질의 시간이었습니다.

무엇보다 아들의 당선을 위해 뙤약볕을 마다않고 영등포 골목 구석구석을 누비신 아버님, 그토록 보고 싶었던 구청장 아들의 4년 임기를 못 다 보시고 하늘나라로 가신 아버님의 영전에 이 책을 바칩니다.

2022년 2월
영등포구청장 채현일

영등포에 부는
기분 좋은
변화의 바람

김영주 국회의원(영등포갑)

영등포에 기분 좋은 변화가 일어나고 있습니다.

지난 2012년 19대 국회의원 선거에서 저의 핵심 공약이었던 제2세종문화회관 건립사업이 행정안전부 중앙투자심사를 통과한 데 이어, 서울시에서 국제현상공모비와 설계비 예산을 확보했습니다. 이제 본격적인 설계에 들어간다고 하니, 실로 10여 년만에 첫 발을 내딛게 됐습니다. 2025년, 제2세종문화회관이 완공되면 영등포의 새로운 명소가 될 게 틀림없습니다.

2021년에는 영등포구가 서울시 25개 자치구 중 유일하면서, 서울시 최초로 대한민국 문화도시로 지정되는 쾌거를 이뤄냈습니다.

그동안 지역 주민과 약속했던 수영장을 갖춘 문화체육도서관도 신길3동에 착공되었고, 양평동 당산동 주민들의 최대 민원이었던 선유고가 철거 공사도 순조롭게 시작됐습니다.

이외에도 국회대로에 '실개천이 흐르는 도심 숲 조성 사업'도 어느덧 설계가 마무리되어 착공을 눈앞에 두고 있습니다. 서울 25개 자치구 중 유일하게 산이 없어 주민들이 쾌적하게 쉴 수 있는 공간이 부족한 영등포에 큰 선물이 되리라 기대가 큽니다.

최근 몇 년 사이 영등포는 낡은 옷을 벗고 서서히 옛 명성을 되찾고 있습니다. 2014년에 서울 3대 도심으로 지정된 데 이어, 2017년에는 영등포역 일대가 도시재생지역으로 지정되면서 500억 원의 예산이 투입되어서 눈부시게 변화되고 있습니다. 실로 영등포가 서울의 중심, 서남권 대표도시로 거듭나고 있는 생생한 현장입니다.

이처럼 우리 영등포가 낡고 오래된 이미지를 벗어나 교육도시, 문화도시, 살기 좋은 명품도시로 꾸준히 발전하는 원동력은 다른 데 있지 않습니다. 영등포 구민들의 자발적인 참여와 성원이 가장 큰 힘입니다. 특히 채현일 구청장이 함께하지 않았다면 성과를 내기 어려웠을 겁니다. 그리고 저와 동고동락하는 시·구의원들, 보이

지 않는 곳에서 묵묵히 일하고 있는 영등포구청 공무원들의 노력
이 더해진 덕분입니다.

채현일 구청장의 노고를 칭찬하고 싶습니다. 그의 '탁트인 영등
포, 영등포 르네상스'는 제가 지향하는 '영등포 시대'와 다르지 않
습니다. 우리의 슬로건이 구호가 아닌 현실이 되도록 함께 노력하
고 있기 때문입니다.

이번에 발간되는 채현일 구청장의 책에는 민선7기 영등포구의
성과가 잘 정리되어 있고, 영등포의 과거·현재·미래가 담겨 있습니
다. 거창한 시대적 화두나 도시에 대한 거대한 담론이 아니라 영등
포의 구체적 문제들과 그 해결 과정 그리고 미래 구상을 담고 있습
니다.

저도 지난 19대 총선에서 지역구 국회의원으로 당선되고 난 후
2013년에 남편인 창원대 민긍기 교수와 함께 《영등포의 정치와 문
화 이야기》라는 책을 낸 적이 있습니다. 읽어보니 두 책 내용이 매
우 비슷합니다. 영등포에 대한 사랑과 주민에 대한 애정을 품고 고
군분투하는 정치인의 노력이 고스란히 담겨 있습니다.

제 생각에 정치인은 일을 잘해야 합니다. 허세와 빈말이 아니

라 일로써 자신을 증명하는 사람이 정치해야 세상이 변한다고 봅니다. 특히 자신이 몸담은 지역에 뿌리를 두고, 지역 문제에 천착해 일하며, 지역의 변화를 이끌 수 있게 최선을 다하는 게 정치인의 유권자에 대한 도리라고 생각합니다.

영등포의 기분 좋은 변화가 궁금한 분들에게는 채현일 구청장의 책이 좋은 안내자가 될 것 같습니다. 꼭 한번 읽어보길 바랍니다. 다시 한 번 책 출간을 축하합니다.

더불어민주당 영등포갑 국회의원
김영주

영등포 대전환이
시작되고 있습니다

김민석 국회의원(영등포을)

영등포가 서울의 중심도시, 대한민국의 대표도시로 거듭나기 위해 꿈틀거리고 있습니다. 대한민국 정치·경제·언론의 중심지이자 서울의 3대 도심인 영등포가 건강·힐링 생태도시, 글로벌 경제 문화도시로 재도약하기 위한 대전환이 시작되고 있습니다.

신길·대림 지역은 재개발, 재건축을 통해 대단위 아파트와 기반시설이 들어서 역동적으로 변화하고 있습니다. 이에 발맞추어 자연·사람·문화가 어우러진 건강·힐링 도시로 만들기 위한 〈뉴신길·뉴대림 비전〉을 제시했습니다.

그 대표적인 것이 대방천을 생태친화 하천으로 복원하는 일입니다. 대방천은 영등포와 서울의 값진 생태자원입니다. 숨어있는 물길을 복원하여 시민들이 여가와 휴식을 즐길 수 있는 친환경 수변 쉼터로 가꾸고자 합니다. 우선 하류부 1.1km 구간을 복원하는 일이 민선7기에 구체화되고 있습니다. 복원된 대방천과 한강, 샛강, 안양천, 도림천을 잇는 건강·힐링 명소가 조성되면, 생태문화도시로 영등포의 가치가 더 높아질 것입니다.

이와 더불어 신길동 메낙골공원 조성 사업도 물꼬가 트이고 있습니다. 높은 담장과 보안시설로 가로막혀 있던 공간이 녹지가 되어 시민들 품으로 돌아가게 될 것입니다.

이런 비전을 만들고 사업을 추진하는 과정에 채현일 구청장의 역할이 지대했음은 두말할 나위가 없습니다.

2021년은 대한민국의 정치경제를 움직여온 서울의 맨해탄, 여의도의 역사에 중대한 이정표가 될 것입니다. 2021년 9월 국회에서 여야는 국회 세종의사당 설치 합의를 이루어냈습니다. 국회 조기 이전으로 세종에는 세계 최고의 디지털 의사당, 여의도 국회 부지는 바이오·핀테크 허브로 전면전환이 이루어질 것입니다.

이러한 구상을 담아 저와 채현일 구청장이 함께 〈여의도 글로벌 뉴타운 10대 비전〉을 발표하였습니다. 친환경·스마트·초고층 주거지역으로 여의도 재건축을 신속히 추진할 것입니다. 산이 없는 여의도에 친환경 인공산 '여민산'을 조성하고, 샛강을 '생태 친화형

치유·힐링 숲'으로 만들어 갈 계획입니다.

존경하고 사랑하는 영등포 구민 여러분의 도움으로 제가 나이 30대에 국회의원을 두 번이나 했고, 최연소 서울시장 후보까지 했습니다. 20년 만에 돌아왔습니다. 하고 싶은 일이 많아서 돌아왔고, 무엇보다도 영등포에서 다시 시작하고 싶어서 돌아왔습니다. 대림·신길·여의도는 대학교 자취 시절부터 근 40년을 살아온 제가 가장 사랑하는 곳입니다. 그래서 저는 영등포를 '일등포'로 만들고 싶습니다. '일등포'는 채현일 구청장이 책에서 말하는 '탁트인 영등포', '영등포 르네상스'와 일맥상통합니다.

오랜 시간을 지나 국회에 복귀해 21대 국회의원의 소임을 시작했습니다. 영등포에서 16대 국회의원으로 일하던 때가 민선2기 시절이었고 지금은 민선7기이니 실로 격세지감입니다. 지금의 영등포 구정을 보고 있노라면 우리 지방자치의 진전이 실로 놀랍습니다. 지면을 빌려 채현일 구청장과 영등포구청 공무원분들께 고마운 마음을 전합니다.

국회의원으로서 채현일 구청장 같은 지역 일꾼을 만난 건 제게 행운입니다. 가깝게는 대학 후배이고 더불어민주당의 동지입니다만, 그것보다는 그가 가진 소양과 능력이 워낙 훌륭해서 그렇습니다. 채현일 구청장은 소통하는 구청장입니다. 현장을 중시하고 발로 뛰는 구청장입니다. 무엇보다 일을 잘하고 일의 결과로 자신을 증명하는 일꾼입니다.

　채현일 구청장이 이번에 발간하는 책을 보면서 '역시 채현일답다'는 생각이 듭니다. 허풍을 떨지도 공허한 이야기를 늘어놓지도 않았습니다. 민선7기 자신의 일을 꼼꼼히 정리함과 동시에 영등포의 미래 구상을 차분하게 담고 있습니다. 사랑하는 영등포 구민 여러분들과 함께, 채현일 구청장의 출간을 깊은 애정을 담아 축하를 드립니다.

더불어민주당 영등포을 국회의원

김민석

차례

●

PART_Ⅰ 탁트인 영등포

• •

PART_Ⅱ 영등포 르네상스

● ● ●

PART_Ⅲ 구청장의 일

PART_ I

탁트인 영등포

존경하는 영등포 구민 여러분,

그동안 제가 배우고 익히고 경험한 모든 것을 이곳

영등포의 변화와 도약을 위해 쏟아 붓겠습니다.

탁 트인 영등포구, 새로운 문을 활짝 열겠습니다.

영등포의 가치, 지금보다 2배로 끌어올리겠습니다.

영등포구의 단절되고 막힌 곳을 확실하게 연결하고

뚫어줄 것입니다.

2018.2.28. <영등포구청장 출마선언문> 중에서

탁트인 영등포

'우리 탁이'

'영탁이'

지역에서 나를 이렇게 호칭하는 분들이 있다고 한다. 지난 4년 동안 '탁트인'을 입에 달고 다닌 덕에 얻은 고마운 애칭이라고나 할까.

'우리 탁이'의 '탁'은 '탁트인'의 '탁'이다. '영탁'은 '영등포의 탁'이라고 한다. 가수 영탁이 들으면 기절초풍할 일이다. 처음엔 나조차 어색했던 '탁트인'이란 표현이 이제는 너무도 익숙한 영등포의 닉네임이 되어 가고 있다.

40대 젊은 구청장의 등장 자체가 영등포의 혁신이라고 말하는 사람들도 있다. 뭔가 엄청난 일을 해내지 않을까 생각하는 분들도 꽤 있다. 그래서 나는 더 분발했다. 내가 영등포 구청장이 된 것이 괜한 기대가 아니라 영등포의 진정한 변화와 혁신의 결과로 이어지게 하자고 나를 다그쳤다.

출마와 당선 그리고 임기 4년차인 지금 영등포는 큰 변화와 도약의 물결이 일고 있다. 영등포역 앞 노점이 정비되어 영중로가 확 트였다. 쪽방촌은 새로운 주거복지타운으로 변모하고 있다. 소위 집창촌이라 불리던 서울 마지막 성매매집결지는 곧 역사의 뒤안길로 사라지게 된다. 50년 묵은 영등포의 풀리지 않던 3대 숙원과제가 해결되고 있다.

민선7기는 영등포의 역사를 새로 쓰고 있다고 감히 말해도 되지 않을까. 활력 넘치고 역동적인 도시로의 변화, 서울 3대 도심으로서의 위상을 굳건히 하고 영등포의 재도약을 위한 발판을 놓고 있다. '탁트인' 도시에 대한 나의 꿈은 '일'을 하게 만들었고, '일'은 더 큰 상상을 낳고 있다.

'영동'은 지금의 강남을 일컫는데 바로 '영등포의 동쪽'이라는 뜻이다. 영등포구 우면리가 지금의 서초구 우면동이 되었고, 영동대교는 영등포의 동쪽에 있는 다리여서 붙여진 이름이다. 서울시가 2014년에 만든 '2030도시기본계획'에서 한양도성을 포함한 광화문 일대, 영등포, 강남을 서울 3대 도심으로 지정했다. 역사를 거슬러 보면 서울은 종로와 영등포 두 지역에서 시작되었다 해도 과언이 아니다. 강서구, 관악구, 구로구, 금천구, 동작구, 서초구, 양천구 7개 서울 자치구의 모체인 영등포는 한강 이남 서울의 종가라 할 수 있다.

영등포는 1936년 경성방직을 시작으로 근대 산업의 발원지로서 경인공업지대의 중심이었다. 서울역에 앞서 1899년 개통된 영등포역을 기점으로 영등포는 사통팔달 교통의 중심지이자 서울 서남권의 요충지다. 1960년대 이전부터 영등포역을 중심으로 상업기능이 급성장하였고 1970~80년대를 거치면서 공업을 기반으로 도시는 비약적으로 성장했다. 그렇게 영등포는 한강의 기적을 이끌었다.

여의도가 개발되면서 영등포는 국회와 방송사 및 대기업과 금

영등포역 앞 영중로

융회사 등이 줄줄이 들어섰고, 명실상부하게 대한민국의 정치와 경제의 중심지가 되었다. 사통팔달로 이어지는 편리한 교통인프라를 바탕으로 전통적 기계금속산업에 방송과 금융 산업까지 더해져 대한민국 산업화와 경제성장의 중추적 역할을 담당했다.

영등포 하면 대부분의 사람들은 영등포역과 그 주변을 떠올린다. 영등포역 주변은 곧 영등포와 다름없다. 영등포의 변화와 발전의 역사를 고스란히 보여주는 곳이다. 1980년대 영등포역 앞은 서울과 경기의 수많은 사람들이 모여드는 서울의 가장 활기찬 핫 플레이스였다.

하지만 나날이 발전하던 영등포에도 침체기가 다가왔다. 90년대 이후 제조업 공장 등 산업시설이 지방으로 이전함에 따라 영등포는 21세기 새로운 성장동력의 발굴과 도심의 활력을 위한 변화의 모멘텀이 절실했다.

70~80년대 불야성의 호황을 누렸던 영등포역 주변은 2000년대에 들어와서 불법 노점상으로 가

득찼고, 좁은 골목 사이로 쪽방촌이 형성되었으며, 성매매집결지가 버젓이 자리를 잡았다.

또한 영등포역 주변과 여의도를 잇는 영등포로터리고가는 만성 교통정체에 시달렸고, 경부선 국철은 영등포구를 남북으로 단절하는 일종의 벽이 되어버렸다. 영등포의 미래 100년을 위해, 이제는 구민의 눈높이에서 탁 트인 영등포를 만들어 가야 할 막중한 책무와 사명감이 민선7기 4년의 여정 앞에 펼쳐진 것이다.

탁트인 영등포는 시대정신

'탁트인 영등포'. 도시나 지방정부의 슬로건으로서는 유별나다. 나조차 처음에는 어색했다. 그런데 영등포를 제대로 바꾸자는 나의 구상이 구체화되고 영글어갈수록 나는 '탁트인'에 묘하게 빠져들었다.

영등포로터리고가 철거를 과감히 첫번째 공약으로 삼게 되면서 '탁트인'은 그야말로 안성맞춤 슬로건이었다. 도심 곳곳 막힌 곳 없는 영등포, 밝고 쾌적한 도시 영등포, 모두가 자유롭게 소통하고 생각을 나누는 공동체. 그런 영등포에 대한 나의 꿈을 표현하기에 '탁트인'이 제격이었다.

"'영등포' 하면 무엇이, 어떤 것이 떠오릅니까?"
구청장 출마를 결심하고 준비하면서 수많은 사람들에게 내가 던진 질문이다. 공통된 대답은 도시가 낡고 정체되었다는 것이었다. '영등포를 새롭게 하자, 영등포를 재도약시키자!' 마음먹었다. 우선 영등포역 주변을 탈바꿈하는 것에서 시작하기로 했다.

지금 영등포역을 중심으로 영등포의 미래가 새롭게 쓰여지고 있다. 영중로 노점 정비에서 시작한 영등포역 일대의 변화는 쪽방

미래비전 선포식(2018.10.15. 영등포아트홀)

촌 공공주택사업, 성매매집결지 정비로 이어져 안전하고 쾌적한 주거환경을 구민들께 돌려드리고 있다. 이와 함께 제2세종문화회관 건립, 대선제분 문화발전소 조성, 전통시장 현대화사업, 영등포로터리 고가 철거 등 탁트인 도시 영등포를 향한 핵심사업들이 차근차근 진행 중이다.

탁트인 영등포는 말 그대로 '탁 트인 도시'다. 길은 막힘이 없고, 거리에는 쓰레기가 없으며, 경관은 밝게 트인 도시다.

탁트인 영등포는 '소통과 공감'이다. 도시가 물리적 공간적으로 트일 뿐만 아니라, 주민과 주민이 연결되고 기관과 기관이 네트워킹 되고 민간과 행정이 자유롭게 소통하는 민주적으로 트인 도시다.

밝고 깨끗하게 탁 트인 도시, 소통하고 공감하는 협치 도시가 탁트인 영등포다. 탁트인 도시는 영등포 재도약을 위한 주춧돌이고 마중물이다. 그래서 탁트인 영등포는 단순한 구호가 아니라 '영등포의 시대정신'이다.

2장

3대 숙원과제 해결

큰 바람은 큰 새를 불러온다. 영등포역 앞 불법노점 정비가 그랬다. 영중로 보행환경개선사업은 큰 바람이 되어 쪽방촌 공공주택 개발로, 성매매집결지 정비로 이어졌다.

영등포역 주변에 대한 대대적 환경개선은 영등포 주민의 오랜 염원이다. 늘 민원이 빗발쳤고 '영등포신문고' 공감청원 1호가 된 것은 너무도 당연한 일이었다. 영등포의 3대 숙원과제로 불리던 '영중로, 쪽방촌, 성매매집결지 정비'가 민선7기에서 비로소 현실이 되고 있다.

'당신이 배를 만들고 싶다면, 사람들에게 목재를 가져오게 하고 일을 지시하고 일감을 나눠주는 일을 하지 말라. 대신 그들에게 저 넓고 끝없는 바다에 대한 동경심을 키워주어라.'

_생떽쥐베리

영등포역 주변의 획기적 변모는 우리 자신을 변화시켰다. '마음 먹고 하면 영등포가 변화될 수 있다'는 꿈을 공유하게 했다. 탁트인 영중로는 주민과 구청 직원들에게 영등포가 탁트인 도시로 탈바꿈할 수 있다는 자신감을 갖게 해주었다. 민관이 힘을 모아 그 꿈을 이루어 가는 여정에 누구보다 구청장인 내가 흔들림 없고 든든한 버팀목이 되겠다고 다짐했다.

영등포역 앞 불법노점 정비

영중로는 서울 서남권 교통의 중심지인 영등포역 바로 앞에 펼쳐진 거리다. 영등포역 앞 삼거리에서 영등포시장까지의 390m 구간의 길이다. 우리 지역의 역사 그 자체이고 영등포구의 관문과도 같은 곳이다.

하지만, 지난 50여 년 동안 70여 개의 노점이 어지럽게 난립해 있었다. 그런 탓에 보도 대신 영등포역 앞 지하상가로 다니는 사람이 더 많을 지경이었다. 그랬던 영중로가 환골탈태했다. '영등포신문고'의 첫번째 청원이 된 '영등포역 앞 불법노점 정비'에 대한 구청장 답변에서 2019년 상반기까지 해결하겠다고 했고, 그 약속은 구호가 아닌 현실이 되었다.

노점이 사라진 자리에는 허가된 거리가게가 들어섰다. '거리가게 허가제'는 일정 요건을 갖춘 노점에 도로 점용을 허가하고, 운영자는 점용료를 내도록 하는 제도다. 노점 판매대인 거리가게는 판매 제품에 맞춰 디자인하고 보행을 방해하지 않도록 크기를 규격화했다. 영세 노점 20여 곳이 알록달록한 거리가게로 새롭게 단장했다. 주민, 전문가, 노점상, 상인이 함께 '상생자율위원회'를 구성하여 장장 8개월에 걸쳐 현장 조사와 공청회, 주민 설명회를 비롯

100차례가 넘게 대화하고 설득하고 소통했다. 이런 노력 덕분으로 2019년 3월 25일, 50여 년 가까이 불법으로 영업해 왔던 노점들을 물리적 충돌 없이 단 2시간 만에 철거할 수 있었다.

"노점들 때문에 성인 한 사람이 겨우 지나갈 수 있는 길이었는데, 이렇게 확 트이니 너무 좋아요."

"30년째 근처에서 직장 생활을 하면서 영중로가 이렇게 깨끗해진 것은 처음 본다"

"영등포 타임스퀘어에 아이들을 위한 체험공간도 있는데, 예전에는 견학을 오려면 노점들이 도로를 막고 있어 아이들이 차에서 오르내리기가 어려웠다. 노점이 난립해 아이들을 데리고 걸을 엄두가 나지 않았지만, 지금은 아이들이 깨끗해진 광장에서 뛰어놀 수 있게 됐다."

비가 오면 우산을 들고서는 한 사람조차 걸어 다니기 힘들었던 길이 탁 트였다. 노점만 정비한 것이 아니다. 보도를 새로 만들고, 가로수 수종을 바꾸고, 띠녹지도 조성했고, 가로등도 교체했다. 버스정류장마저 통폐합하고 새로 디자인했다. 또한 철저한 사후관리를 위해 360도 회전형 CCTV를 설치하여 24시간 가동하고 있다. 길이 깨끗하게 정비되자 지하상가로 다니던 사람들이 지상으로 다니면서 지역 상권까지 활성화됐다.

영등포역 앞 노점정비 전

영등포역 앞 노점정비 후

탁트인 영등포!
중로가 달라졌어요!

소통과 상생으로
걷고 싶은 탁트인

새롭게 바뀐 영중로 앞

최근에는 영중로 끝자락인 영등포시장 사거리에서 영등포로터리로 이어지는 640m 구간을 정비했다. 수목 교체, 가로화단 조성, 보도 재포장 및 지장물 정비를 통해 걷기 좋은 거리로 변화했다. 영등포역 주변 거리가 천지개벽했다고들 한다. 머지않아 영등포로터리고가 철거마저 이루어지게 되면 영등포역 주변은 여의도·샛강으로 걷기 편한 길이 이어질 것이다. 정비된 영중로 선포식의 이름처럼 그야말로 길이 다시 태어나고 있다.

  탁 트인 영중로는 누가 뭐래도 민선7기의 대표작이고, 영등포 혁신의 상징이다. 120회가 넘게 방송과 신문 등 언론의 집중 조명을 받기까지 했다. 베트남, 인도네시아 등 해외 언론의 취재도 있었고, 서울시 전역으로 거리가게허가제가 확산되는 기폭제가 되었다. 구민들의 호응도 뜨거웠다. '탁트인 영등포 10대 뉴스'를 선정하는 온라인 설문에서 '영등포역 앞 노점상 철거 및 보행로 개선'이 압도적인 1위를 차지했다.

  언론과의 인터뷰나 다른 지역의 지인들을 만날 때면 영등포역 앞 영중로와 관련해서 빠지지 않는 질문이 있다. 50년 넘게 안 되던 일이 어떻게 가능했냐는 것이다. 그것은 구민의 눈높이에서 구민이 절실히 바라는 일을 당연히 했을 뿐이라고 밀할 것이다. 주민의 청원이 이 일에 불씨를 지폈다면 그 불길을 타오르게 한 것은 바로 끊임없는 대화에 기반한 소통이었다.

    한편 나는 직원들이 흔들림 없이 일하도록 힘을 실어줬다. 이에 직원들은 사업을 반드시 성공시키겠다는 굳은 의지로 노점상과 주민을 대화로 끊임없이 설득하여 마침내 노점정비를 완수했다. 수십년동안 해묵은 구민의 숙원사업을 반드시 해결하겠다는 단호한 원칙과 의지, 그리고 대화와 소통의 민주적인 절차가 있었기에 가능했다. 탁트인 영등포를 향한 민선7기 여정은 불법노점 정비로 첫 단추가 꿰어진 것이다.

쪽방촌 공공주택사업

서울시 영등포구 영등포동 422-63번지. 지하철 1호선 영등포역사를 나와 작은 길을 따라 들어가면 370여 세대가 따닥따닥 붙어 지내는 골목 마을이 나온다. 사람들은 이곳을 '쪽방촌'이라고 부른다. 도심에서 밀려나 오갈 데 없는 사람들이 고작해야 0.5평, 넓어야 2평 남짓한 공간에서 월세 22만 원의 부담을 지며 생활하고 있다.

영등포역 일대가 화려하게 변모를 거듭하는 동안에도 쪽방촌은 50년 이상 개발의 손길이 닿지 않은 채 시간이 멈춘 듯한 곳이다. 노후된 주택과 건물이 빼곡하게 밀집해 폭염, 혹한, 화재와 각종 범죄에 고스란히 노출되어 있고 위생적인 문제도 심각하다. 도심 미관을 해치는 것을 떠나 거주민의 안전과 인권보호를 위해서 환경개선이 절실히 요구되는 지역이다.

명절 같은 때가 되면 숱한 기업이나 단체, 정치인들이 쪽방촌을 찾아와 봉사하고 사진을 찍기도 하고 언론의 단골메뉴로도 등장한다. 하지만, 실질적인 개선은 이뤄지지 않은 채 50년이나 지나고 있었다.

영등포 쪽방촌 공공주택사업 조감도

2019년 8월, 나는 김현미 당시 국토부 장관을 만나 쪽방촌 주거환경 개선을 건의했다. 이것이 쪽방촌 정비의 물꼬를 텄다. 이어 국토교통부, 서울시, 한국토지주택공사(LH), 서울주택도시공사(SH)와 영등포구가 소통하고 협력하며 함께 방안을 준비했다. 지역구 김영주 국회의원께서 지대한 역할을 하셨기에 가능한 일이었음은 두말할 나위가 없다. 지면을 빌려 다시 한 번 감사드린다.

그렇게 4개월에 걸친 노력 끝에 '영등포 쪽방촌 주거환경 개선 및 도시 정비를 위한 공공주택사업 추진계획'을 수립했다. 그리고 2020년 1월 마침내 쪽방촌 공공주택사업이 기자회견을 통해 발표되었다. 뒤이어 2020년 7월 쪽방촌 일대가 공공주택사업지구로 지정·고시되었다.

영등포 쪽방촌은 2025년이면 1,200세대의 주거·상업·복지타운으로 재탄생하게 된다. 그렇게 되면 거주민의 인권, 주거환경은 물론 도시경관도 몰라보게 좋아질 것이다. 오랫동안 낙후되어 있던 영등포 역세권 도심의 환경을 쾌적하고 안전하게 탈바

영등포 쪽방촌 공공주택사업 발표 기자회견 및 MOU(2020.1.20.)

꿈시켜 지역에 새로운 활력을 불어넣을 것으로 기대된다.

이 사업은 전국 최초로 '先이주 善순환 방식'으로 설계되었다. 사업기간 중 임시거주단지를 조성해 거주민이 선이주하고 새 주택이 완공되면 재입주하는 방식이다. 쪽방 주민과 토지 소유주, 인근 상인, 구민들까지 모두 윈-윈하는 정책이다. 사회적 약자를 포용하고 보다 안전하고 쾌적한 주거환경으로 거듭나도록 하는 포용적 주거복지의 선도적 모델로 평가받아 〈2020년 주거복지인 한마당 대회〉에서 대통령 표창을 수상하는 영광을 안았다.

영등포 쪽방촌 공공주택사업은 거주민을 강제 철거하고 사업을 밀어붙이는 기존의 방식과는 다르다. 사업이 완료되면 거주민과 무료급식소 등의 돌봄 기관과 시설이 재정착할 수 있게 정책의 방향을 잡았다. 거주민과 돌봄시설의 재정착과 함께 신혼가구와 청년을 비롯한 일반분양자들도 입주하게 된다.

영등포구청이 공공주택사업의 형식적 시행기관으로 머물지 않고 실질적 당사자로서 핵심적인 역할을 자임했기에 성공할 수 있는 프로젝트였다.

첫째는 쪽방촌 주민의 인권 보호와 주거 안정을 도모하기 위해 개발에 따른 부작용에서 비롯되는 갈등을 최소화하기 위해 영등포구가 발벗고 나섰다.

둘째는 사업 주체인 국토부 및 시행사인 LH, SH와 영등포구가 MOU를 맺고 협업을 이끌어냄으로써 가능했다.

나는 이 일의 성공을 위해 장관을 비롯한 중앙 부처 및 주택공사 관계자를 직접 찾아가고 지역 국회의원과 긴밀히 협의하며 동분서주했다. 여러 기관의 협업으로 이루어지는 일은 구청장이 직접 발품을 팔아야 제대로 된다. 이렇게 해서 두번째 숙원사업인 쪽방촌 정비도 순조롭게 진행되고 있다.

성매매집결지 정비

영등포역 건너편 타임스퀘어를 지나 대선제분으로 이어지는 거리가 있다. 오래된 낮은 건물들이 구역을 이뤄 낮에는 문이 닫혀 있고, 밤에는 네온등 붉은 불빛을 밝히는 곳. 소위 영등포 집창촌이다. 성매매업소와 공장, 창고 등 100여 개 동이 도심 한복판에 아직도 버젓이 자리 잡고 있는 영등포의 부끄러운 민낯이다.

이 지역 또한 오랫동안 구민들의 정비 요구가 끊이지 않았다. 영등포역 앞 노점상을 정비하고, 쪽방촌 공공주택사업이 진행되면서 세 번째 숙제에 돌입했다. 바로 서울에서 사실상 마지막으로 남아 있는 성매매집결지 문제를 해결하는 일이었다. 좀체 해결의 실마리가 보이지 않던 이곳에도 불법노점 정비, 쪽방촌 공공주택사업 등 영등포역 주변의 탁트인 환경개선의 큰 파고는 빗겨가진 못했다.

2010년과 2014년 2차례에 걸쳐 서울시 도시환경정비예정구역으로 지정되어 정비구역 지정을 위한 계획 수립을 추진한 바 있다. 하지만 이곳과 같은 구역으로 묶여 있던 쪽방촌이 임차인 보상 문제 등이 해결되지 못해 계획 수립과 구역 지성이 무산되었다.

영등포 성매매집결지 현장 점검

2018년 10월 영등포신문고 청원에 발맞추어 구청·경찰서·소방서·세무서가 합동으로 '생활환경유해업소 TF'를 구성하여 노후 취약시설에 대한 환경개선과 정비사업, 자활대책 등을 종합적으로 검토했다.

2020년 1월 쪽방촌 공공주택사업계획이 발표되면서 성매매집결지에 대한 정비계획 수립에 속도가 붙었다. 2020년 11월 주민간 담회와 설명회를 통해 의견을 수렴했다. 이듬해 1월 정비구역 지정 및 정비계획(안)을 서울시에 결정 요청하였고, 2021년 4월 마침내 서울시가 심의·의결했다.

영신로

경인로

영등포 성매매집결지 개발 조감도

생활환경 유해업소 TFT회의(경찰서·소방서·세무서·영등포구청 합동)

정비계획 준비 단계부터 전문가 자문과 주민설명회를 통해 지역의 공감과 동의를 얻어냈다. 더불어 성매매 종사자의 원만한 자활과 이주 등 지원대책도 마련하고 있다. 다각도의 대화와 설득으로 적극적인 해결을 모색할 것이다. 성매매집결지 정비 사업도 성공의 열쇠는 소통이다.

역세권의 특성상 토지이용도를 높여야 사업의 성공 가능성이 보였다. 또 한편으로는, 도심의 공동화를 방지하기 위해 직장과 주거를 가까이 두는(직주근접) 방식을 채택했고, 주거와 상업시설을 결합해 개발할 수 있도록 사업을 설계하였다. 이를 통해 고도 150m, 용적률 700%의 고밀개발이 가능해졌다. 계획이 실현되면 지하 8층 지상 44층의 주상복합단지(공동주택 999세대)가 들어서게 된다. 과히 영등포역 일대의 랜드마크가 될 만하다.

2025년 이후가 되면 이 지역은 주거·상업·문화 복합공간으로 완전히 탈바꿈하게 될 것이다. 구민의 삶의 질이 향상되는 것과 더불어 지역경제 활성화에 큰 기여를 할 것으로 기대된다. 3대 숙원사업의 마지막 단추라 할 수 있는 성매매집결지 정비까지 순조롭게 진행됨으로써 '탁트인 영등포'는 구민의 삶에 피부로 와 닿는 민생행정의 나침반이다.

PART_ II

영등포 르네상스

2018년 10월 15일 구민의 날, 민선7기 영등포 구정의 나침반이
될 비전이 선포되었다. 영등포아트홀을 가득 채운 객석에서는
영등포의 변화와 도약을 기대하는 박수갈채가 쏟아졌다. 나와
아이들의 손에 쥐어진 비전볼이 반짝였고, 그와 함께 구민들의
희망도 함께 빛났다. 그렇게 탁트인 영등포, 영등포 르네상스를
향한 담대한 여정이 시작되었다.

구민과 함께, 더 나은 미래! 탁트인 영등포!
'꿈이 실현되는 교육문화도시'
'조화로운 성장 경제도시'
'쾌적한 주거 안심도시'
'더불어 잘사는 복지도시'
'소통과 협치의 민주도시'

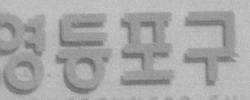

꿈이 실현되는 교육문화도시

교육의 기반을 다지고 명품 교육도시로의 도약을 민선7기 최우선 핵심 공약으로 삼았다. 취임 직후 구청장 직속으로 '교육정책특별보좌관'직을 신설해 교육행정 전문가를 임명했다. 교육의 전문성을 갖추고, 영등포구를 명품교육도시로 만들겠다는 강한 의지를 갖고 민선7기를 시작했다.

학교환경 개선과 공교육 강화를 통한 명품교육도시, 모든 세대가 누릴 수 있는 영등포형 평생학습모델 구축, 도서관 확충과 혁신을 봉한 지식문화도시 구현을 교육문화도시로의 주요 방향으로 설정했다.

우선 교육현장의 생생한 목소리를 듣는 것에서 시작했다. 틈날 때마다 관내 모든 초·중·고등학교를 방문해 현안을 파악했다. 아이들이 밝게 웃으며 안전하고 편안하게 학교를 다닐 수 있는 환경 조성에 특별히 힘써달라는 것이 현장의 공통된 의견이었다. 아이들의 안전을 위한 통학로 개선에 특별한 노력을 기울였고, 교육환경 개선을 위한 시설 확충에 박차를 가했다.

탁트인 영등포는 아이 키우기 좋은 교육환경을 만들어 가는데 역점을 두고 있다. 최고의 교육환경을 위해 주거·안전·교통·녹지·복지 등 모든 민생분야가 제대로 갖춰져야 한다. 교육은 탁트인 영등포의 미래 비전이자 가장 가치있는 투자라 할 수 있다.

교육환경 개선

관내 모든 학교를 방문하여 학교 관계자 및 학부모, 학생들의 이야기를 듣고 다양한 제안을 정책으로 반영했다. 2018년에 〈화통한 스쿨데이〉란 이름으로 시작하여 2019년부터는 〈학교공감 프로젝트〉로 명칭을 변경하여 운영했다. 학교공감 프로젝트 등을 통하여 학부모 및 교육 현장 관계자가 제안한 사항은 대부분 정책에 반영하였고 학교 시설 및 환경 개선을 위한 교육경비보조금 또한 적극 지원하기도 했다. 학부모, 교사, 학생들과 허심탄회하게 소통하고 교류할 수 있는 소중한 시간이자 구청장으로서 교육현장의 실상을 바로 알고 정책에 반영할 수 있는 기회였다.

학교공감 프로젝트의 논의를 기반으로 관내 학교 주변 환경이 큰 변화를 이루었다. 학교 주변 보행 및 교통환경 정비를 위해 신호등 신설 및 교체, 도로 미끄럼 방지, 노면표시 재도색 등 통학로 안전 부문을 보강했다. 고가 하부 천장 조명 설치, 교각에 벽화 그리기 및 바닥 주변거리 미술 등 주변 환경을 쾌적하게 바꿔 주민의 큰 호응을 얻기도 했다. 또한 통학로를 따라 유색포장과 태양광 도로표지병을 설치해 이면도로의 사고 위험을 낮췄다. 사고 위험이 높은 학교 주변 차도에는 볼라드와 안전펜스를 설치했고, 도로다이어트 사업과 보행자우선도로를 확대 시행하였다.

통학로 주변 교통 체계 때문에 등하교길이 걱정된다는 수많은 학부모님들의 목소리를 들었다. 부족한 횡단보도, 잘못된 교통신호체계, 보수가 필요한 보도 등 안전망 하나 없이 안전 사각지대에 놓여 있는 아이들의 통학로 환경을 보면서 하나하나 반드시 고쳐나가리라 다짐했다.

'아이들이 혼자 등교할 수 있게 하자.'

이름하여 '나 혼자 학교 간다'라는 〈안심통학로 조성〉 프로젝트를 추진했다.

우선 관내 어린이보호구역 주변에 노면표시와 도색, 시설물 개선을 진행했다. 학교 앞 횡단보도에 바닥신호등을 확대하고 음성안내 보조장치와 신호·과속 단속카메라를 확충했다. 통학로로 이용하고 있지만 보행환경 조성이 어렵거나 차량 통행으로 아이들 안전이 우려되는 구간에는 '차 없는 거리'를 시행했다. 학교별로 차량 통행의 특성을 반영해 시간제 혹은 전일제로 '차 없는 거리'를 만들었다.

평소 차량을 이용해 해당 지역을 이동했던 주민들은 '차 없는 거리' 때문에 멀리 돌아가야 하는 불편을 호소하며 처음에는 반대

바닥신호등 현장 방문

"지자체공동설립형유치원" 건립을 위한

서울특별시교육청-영등포구청 업무 협약식

• 일시: 2019. 7. 5.(금) 14:30   • 장소: 서울특별시교육청 회의실

지자체공동설립형 유치원 추진 업무협약식

하기도 했다. 하지만 주민설명회와 설문조사, 개별 방문협의를 수차례 진행하면서 대화하고 설득해 원만하게 아이들에게 안전한 통학로를 돌려줄 수 있었다.

학교 밖 방과후 교육에도 관심을 기울였다. 〈지역연계 마을방과후학교〉 확대가 그것이다. 2016년 영등포의 마을 단체와 문래창작촌의 공방 등 7개의 마을 거점공간에서 시작한 마을방과후 프로그램을 2021년 35개의 마을 공간으로 늘렸다. 마을의 역량 있는 거점공간을 발굴하여 학생들의 활동공간을 마련했다. 또한 마을의 다양한 교육자원 연계를 통해 창의적인 교육콘텐츠를 개발하고 있다. 이를 통해 아이들에게 배움과 쉼이 있는 마을활동의 기회를 제공한다. 마을 속에서, 일상 속에서의 교육으로 아이들은 진정한 마을의 주인이자 주체로서 성장해 나갈 것이다.

방과 후 마을에서 이루어지는 다양한 체험활동은 아이들의 전인적 성장에 큰 도움이 된다. 학교의 정규 교육과정에서 쉽게 접할 수 없는 도예, 목공, 원예, 공예 등 양질의 다양한 프로그램을 눈높이에 맞추어 운영하고 있다. 지역별로 균형감 있게 거점 공간을 두었고 신규 공간을 지속적으로 발굴하고 있다. '마을-학교 교육공동체'는 우리 교육의 또 다른 미래다.

유아교육 분야에서도 민선7기는 주목할 성과를 이루었다. 공공성이 담보된 공립유치원에 대한 요구는 높지만 부지가 한정적이라 증설이 쉬운 일은 아니다.

마침 서울시교육청은 지자체가 부지를 제공하고 교육청이 유치원을 설립하고 운영하는 '지자체 공동설립형 유치원'을 공립유치원의 새로운 모델로 제시했다. 영등포구는 적극적으로 호응했다. 이에 2019년 7월 서울 최초로 〈지자체공동설립형 유치원〉 건립을 위한 영등포구와 서울시교육청 간 협약을 체결하였다. 이는 자치구와 교육청이 협력하여 유아교육의 공공성을 높이는 새로운 형태의 유치원 모델이라는 점에서 그 의미가 크다. 남부8취학권역 공·사립 유치원간 수용여건 불균형 해소에도 도움을 줄 것으로 기대된다.

신길12구역에 들어설 서울시 최초 '지자체공동설립형' 공립단설유치원인 (가칭)신길유치원 부지는 원래 다른 용도로 정해져 있었다. 젊은 부부들이 신길뉴타운으로 많이 입주하면서 육아·보육 공간이 절실하다는 판단이 들어 곧바로 서울시교육청과 협의를 해 이뤄낸 결과다.

언젠가 핀란드 헬싱키중앙역에 있는 오디(Oodi)도서관에 갔을 때다. 보통 우리나라 도서관은 조용해야 하고, 열람증 같은 것이 없으면 쉽게 들어가기도 힘들다. 그런데 오디도서관은 달랐다. 외관부터 자유롭고 창의적이었다.

입구에 들어서자마자 아이들이 웃으며 뛰놀고 있었다. 학생, 직장인, 어르신 등이 옹기종기 모여 앉아 편안하게 독서하거나 담소를 나누고 있었다. 쉼이 있는 지식문화를 위한 편안한 문화공간이었다. 그리 큰 규모는 아니지만 특유의 편안하고 활기찬 분위기가 색다른 안정감을 자아내고 있었다. '아, 이게 진짜 도서관이구나.' 싶었다. 우리 영등포에도 누구나 쉽고 편리하게 이용할 수 있는 도서관, 편안한 분위기에서 주민들이 서로 어울리고 책을 즐길 수 있는 도서관이 있었으면 좋겠다고 생각했다.

'엄숙하고 딱딱하지 않은 동네 사랑방 같은 도서관을 만들자.'
'영등포 주민이라면 누구나 걸어서 10분 이내에 도서관에 갈 수 있게 하자.'

바로 〈1동 1마을도서관 만들기 사업〉이다. 빈집을 매입하거나

대림도서관

임차하여 최소의 비용으로 각 동의 특색을 살려 리모델링을 진행
했다. 이렇게 만들어진 마을도서관에서 아이들은 책으로 상상력을
키우고, 부모님들은 가족과 함께 문화와 쉼을 즐기는 주민들의 사
랑방이자 커뮤니티 공간으로 자리잡아가고 있다.

　여의도 옛 MBC 이전 부지에는 1,100평의 대규모 구립도서관
이 들어서게 된다. 자유롭고 편안하게 이용할 수 있는 주민친화적
인 도서관으로 조성 중인데, 여의도를 상징하는 또 하나의 소통 문
화공간이 될 것이다. 구립도서관인 대림·문래·선유 도서관도 리모

생각나무마을도서관

델링해 주민들이 쉬면서 책을 읽고, 지역과 커뮤니티로 소통하고, 다양한 교육강좌로 문화생활을 즐기는 복합문화공간으로 만들어가고 있다. 또한 옛 서영물류센터 부지에 들어서는 지식산업센터의 기부채납지에는 어린이, 청소년 중심의 가족도서관이 건립될 예정이다.

신길동 지역에는 영등포구를 대표하는 도서관이 생긴다. 바로 〈신길문화체육도서관〉이다. 타운홀 미팅과 설문조사 등을 통해 주민들의 요구를 반영해 도서관과 체육시설을 함께 만들었다. 가족

신길문화체육도서관 착공식

신길문화체육도서관 조감도

과 함께 편리한 주차공간에 안전하게 주차하고, 수영과 운동을 즐기며 개방형 공공도서관에서 자유롭고 편안하게 책을 보며 건강한 여가와 문화생활을 한 공간에서 즐길 수 있다.

집 가까이에 들어서는 주민커뮤니티 공간과 도서관, 수영장까지 갖춘 문화체육복합시설인 만큼 주민들의 관심이 크다. 실제로 착공식 때 만난 주민들도 친구와 함께 좋은 공간에서 책을 읽고 다양한 문화체육 프로그램까지 즐길 수 있다고 하니 하루빨리 완공되었으면 한다는 기대감을 나타내셨다.

얼마 전 영등포구 대표 도서관이자 랜드마크가 될 신길문화체육도서관 건립에 첫 삽을 뜨는 착공식이 있었다. 국비와 시비 예산 확보에 혼신의 노력을 기울이는 등 도서관 건립에 전폭적으로 힘써주신 김영주, 김민석 국회의원님을 비롯한 시·구의원님들께 감사의 마음을 전한다. 더불어, 오랜 기간 묵묵히 믿고 기다려 주신 주민들께도 감사 인사를 드린다. 오랫동안 고군분투했던 시간들을 떠올리며 남다른 감회가 밀려왔다. 책과 함께하며 삶의 질을 높이는 '책으로 탁트인 영등포'가 성큼 다가오고 있다.

핸드폰 하나로 가상공간을 통해 전 세계가 연결되는 디지털 시대가 다가왔다. 기술 혁신, 인구 변화, 글로벌화 등의 환경 변화는 고용형태 다변화 등의 노동시장의 재편을 가져왔고, 코로나19로 변화의 속도는 더욱 빨라지고 있다. 이러한 사회 변화에 적응하기 위해서는 지속적으로 개인의 역량을 개발하는 '평생교육'이 절실하다.

우리 영등포구 역시 2017년 65세 이상 인구비중이 14%를 넘어 고령사회에 진입했으며, 이러한 추세대로라면 2025년 초고령사회로 진입할 것이다. 그리고 갑작스러운 코로나19 위기로 인해 평생교육의 필요성이 더 커져가고 있다.

이에 발맞춰, 2020년 온국민 평생장학금을 제안하는 등 평소 평생학습에 관심이 많으셨던 지역구 김민석 국회의원께서 적극적으로 힘을 더해 주셨기에 평생교육사업이 탄력을 받아 힘있게 추진될 수 있었다. 이 자리를 빌려 김민석 의원님께 진심으로 감사드린다.

2020년 '한국판 뉴딜 당·정·청 워크숍'에서 평생교육은 '안전망 강화, 사회적 뉴딜 분야 현안 과제'로 지정되었다. 이런 추세를 간파하고 영등포구는 평생교육 관련 정책을 속속들이 마련하여 시행하고 있다. 영등포구는 이처럼 발빠르게 평생학습 시책 추진에 착수

평생교육바우처 토크콘서트

평생교육바우처 추첨

했고, 서울시 최초로 〈영등포 평생교육바우처〉 사업을 시작했다.

서울시 최초로 '영등포 평생교육바우처' 시범사업 참여자 2,500명을 모집했다. 만 19세 이상의 영등포구민 누구나 원하는 시기에 원하는 평생교육기관에서 바우처를 사용해 자유롭게 학습할 수 있다. 신청을 받은 결과, 당초 모집 인원을 훨씬 웃도는 4,490명의 주민이 응모해 평생교육에 대한 뜨거운 관심을 알 수 있었다.

일단 처음 시행하는 사업인 만큼 바우처 신청자 가운데 국민기초생활수급권자, 차상위계층, 한부모가족 등 우선지원대상자를 선정하였다. 다음으로 온라인 공개추첨을 통해 일반 대상자를 선정했다. 이번 사업결과를 분석하고 보완하여 이후 더 많은 구민들에게 혜택이 돌아가도록 확대하고자 한다.

평생교육 인프라 확충에도 박차를 가하고 있다. 대림동에 있던 방송통신대 남부학습센터가 이전한 뒤 남는 공간을 평생교육을 위한 거점으로 마련했다. 옛 남부학습센터 건물을 리모델링해서 지하 1층부터 지상 5층까지 주민 누구나 이용할 수 있는 〈YDP 미래평생학습관〉을 만들었다. 유아부터 청소년, 직장인과 주부, 중년과 노년에 이르기까지 모든 연령이 이용할 수 있는 맞춤형 평생학습 공간이다. 교육과 배움을 통해 주민들의 지속가능한 성장을 도와, 보다 행복한 삶의 변화를 이끌어내는 평생학습도시 영등포구로 재도약할 것이다.

YDP미래평생학습관 개관식

YDP미래평생학습관 실내 모습

제2세종문화회관

　〈제2세종문화회관〉이 영등포에 들어서게 된다. 서울의 공연시설은 그동안 도심권과 동남권에 집중되어 문화 불균형을 초래하였으며, 개관 40주년을 맞은 세종문화회관이 늘어난 공연 수요를 감당하기 부족해지면서 제2세종문화회관 건립의 필요성이 대두되었다. 이에 영등포구와 서울시는 기존 세종문화회관의 공연 수요를 분산함과 동시에 문화 인프라 불균형을 해소하고자 2,000석 이상의 대규모 공연장 건립 사업을 추진하게 되었다. 막대한 건립비와 운영비가 들기에 서울시비를 재원으로 하는 사업으로 추진토록 서울시에 요청해 왔으며, 그 결과 전액 시비로 대규모 공연장이 계획되었다.

　2,000석이 넘는 대공연장은 뮤지컬, 발레, 연극, 대중음악 콘서트, 기타 창작공연 등 모든 장르가 가능한 다목적 공연장으로 조성된다. 동시에 연극과 합창, 발표회 등에 적합한 소공연장도 들어설 예정이다. 또한 지역주민을 위한 문화아카데미, 각종 촬영 및 편집을 위한 영상 아카데미, 공연작품의 전시·행사·교육 등의 자료가 전시되어 있는 개방형 음악도서관(북카페), 창작 연습실, F&B 시설 등이 조성된다. 서울특별시의 서남권을 대표하는 공연장 건립을 통해 우리 영등포구민의 문화생활 인프라를 구축하고 인근 상

사 업 명   제2세종문화회관 건립

위   치   문래동3가 55-6번지

규   모   지하2층-5층(연 27,930㎡)

시   설   다목적공연장(2,014석)

             소공연장(300석)

             기타 시설 등

기간   2019 5년

권 및 문래창작촌과 연계되어 지역경제 활성화에 기여할 것으로 기대된다.

　세종문화회관, 예술의전당과 어깨를 나란히 할 제2세종문화회관이 건립되면 영등포는 명실상부 서울 문화예술의 새로운 거점이 될 것이다. 영등포구민을 비롯한 서울 서남권 주민들이 문화예술을 누리는 대표적이고 상징적인 공간으로 자리매김할 것이다. 문래동에 들어설 이 공간은 기존의 문화예술인들이 자리한 문래창작촌과 함께 지역 문화예술인들에게 더 많은 기회를 제공하는 가능성의 공간이 될 것이고, 영등포의 문예 부흥과 경제 활성화에도 크게 기여할 것이다.

　제2세종문화회관은 지역구 김영주 국회의원님이 아니었으면 불가능했을 것이다. 이 사업을 유치하고 재정을 확보하기 위해 직접 팔을 걷어붙이고 중앙정부와 서울시를 오가면서 발로 뛰셨다. 결국 행정안전부 중앙투자심사를 통과하고 서울시 예산을 확보하게 되었고, 다가오는 2025년에 완공될 수 있도록 할 것이다. 이 자리를 빌려 김영주 의원님께 다시 한 번 감사의 마음을 전한다.

서울시 최초 문화도시 지정

2021년 12월 서울시 자치구 최초로 우리 영등포구가 유일하게 〈문화도시 지정〉이라는 역사적 쾌거를 이뤘다. 영등포가 가진 예술·문화적 매력과 잠재력을 인증 받은 성과다. 문화체육관광부 주관으로 2020년 제3차 예비문화도시 지정 이후, 1년간 '우정과 환대의 이웃, 다채로운 문화생산도시 영등포'를 비전으로 문화도시 조성에 노력해 왔다. 문화도시 지정으로 향후 5년간 행정적 지원과 함께 국비 100억 원을 포함, 최대 200억 원 상당의 예산을 지원받게 된다. 지역적 특색을 지닌 문화자원의 발굴과 활용, 고유의 문화 환경 조성을 위한 종합적인 지원 또한 받게 된다.

영등포는 다양한 생활권역의 풍부한 문화자원이 시민이 원하는 문화활동으로 이어질 수 있도록 노력한 점이 좋은 평가를 받았다. 문래창작촌과 도림천-안양천-여의샛강 등의 도시문화 자원을 기반으로, 5개 생활권역(양평당산권역, 여의권역, 영등포문래권역, 신길권역, 대림권역)의 도시 문제를 구민과 함께 고민하고 협력과 소통을 통해 발전방안을 모색하는 '문화공론장'이 큰 역할을 했다.

영등포는 정치·경제·금융·교통의 중심지이자 다문화가 공존하고 안양천, 도림천 및 한강과 샛강을 잇는 풍부한 수변자원과 문

우정과 환대의 이웃, 다채로운 문화도시 영등포

비 전	'우정과 환대의 이웃, 다채로운 문화생산도시 영등포'			
핵심가치	문화협치	문화공유	문화다양성	생태문화
목 표	40만 이야기로 생동하는 문화생산도시 시민공론장 구현			

우정과 협력으로 시민 스스로
도시의 문제를 해결하는 공유협력문화

지역의 사회적 의제를 다루고
다양한 삶의 문화를 존중하는 상호문화

도시의 이슈를 협력하여 함께 다루는
도시 간 상호문화

예술가의 창작 환경을 보호하여
창의적 공유지를 만들어가는 예술안심문화

예술x기술 융복합문화를 통한
미래 생존의 새 성장동력 생성

사람-마을-수변을 문화로 이으며
공공지대를 만들어가는 도시수변문화

영등포 문화도시 선포식

화예술 인재를 보유한 곳이다. 앞으로도 강점을 최대한 활용하여 '품격 있는 문화도시 영등포'를 만드는 데 최선을 다할 것이다.

스페인의 빌바오는 '구겐하임 미술관'으로 유명한 도시다. 인구 약 35만 명으로, 우리 영등포와 비슷하다. 원래 빌바오는 철광석이 많이 나는 도시로 제철공업이 발달한 공업도시였고, 바다를 면한 지리적 입지 덕분에 조선업이 발달하기도 했다. 또 스페인의 거대 은행 본사가 자리한 금융 중심지이기도 했다. 하지만 1970년대 이후 경제 위기를 맞이하며 쇠락하기 시작했다.

침체를 맞이한 빌바오시는 어떻게 위기를 극복했을까? 바로 문화의 힘이었다. 1997년 빌바오에 구겐하임 미술관이 개관했다. 그리고 개관 이래 매년 100만 명 이상이 방문하는 관광명소가 되었다. 개관 10년 만에 무려 2조 원이 넘는 경제효과를 달성했다.

우리 영등포는 빌바오 이상의 문화예술적 잠재력을 가진 도시다. 따라서 '문화도시 지정' 이후 펼쳐질 매력적인 성장과 도약이 기대된다.

조화로운 성장
경제도시

2021년 실시한 '구정 인식도 조사'에서 영등포구 발전방향에 대한 질문에 경제도시, 교육도시, 복지도시 순으로 응답자가 많았다. 구민 4명 중 1명은 영등포가 앞으로 경제도시로 성장하기를 기대한다고 답했다.

경제 분야는 국가적 차원에서 중앙정부의 역할이 막중하다. 지방정부, 특히 기초자치단체 차원에서 별다른 경제적 시책이 있겠냐는 의구심마저 들기도 한다. 그런데 그게 아니다. 기초지자체가 챙겨야 제대로 되는 일들이 분명히 있기 때문이다. 그런 분야를 잘 선정해야 효과적인 경제 살리기 시책을 펼칠 수 있다.

지역 경제 발전에 대한 민선7기의 구상은 골목상권과 전통시장에 활력을 불어넣어 민생경제를 튼튼히 하고, 좋은 일자리로 내일의 희망을 주는 상생도시 영등포를 만들어 가자는 것이었다. 조금 더 구체적으로 방향성을 표현하면 전통시장과 소기업 소상공인 지원을 통한 지역경제 활성화 도모, 맞춤형 일자리 발굴과 연계 그리고 지역 특색에 기반한 경제특구사업 활성화를 통한 글로벌 경제도시로의 도약으로 요약할 수 있다. 경제특구 사업인 '스마트메디컬특구'와 '국제금융특구'에 대해서는 5장에서 언급하기로 하고, 여기서는 그동안 매진해 온 전통시장 활성화와 지역 중소상공인 지원을 중심으로 이야기를 풀어보고자 한다.

전통시장 활성화

영등포에는 영등포전통시장, 영등포청과시장, 대림중앙시장, 우리시장 등 여러 전통시장이 있다. 특히 영등포전통시장은 1956년 문을 연, 역사와 전통이 있는 영등포구의 대표 시장이다. 영등포역과 가까워서 한때는 지방에서도 물건을 사러 찾아올 정도로 문전성시를 이룬 곳이다. 다른 시장들도 저마다의 특색이 있어 시장마다의 풍경과 정취가 매력적이다.

하지만 대형쇼핑몰, 인터넷 쇼핑의 발달 등 시대적 변화와 노후한 시장환경 등으로 경쟁력이 크게 약화되었고, 주민들의 발길이 점차 줄어들었다. 주민들이 찾지 않는 근본 원인을 정확히 알고 기본적인 것부터 바꿔야 했다. 상인들과 대화를 시작했다. 100회가 넘는 소통이 이뤄졌다. 시간이 쌓일수록 서로에 대한 신뢰와 이해가 깊어졌고 공감대를 형성할 수 있었다. 영등포구 전통시장의 변화는 그렇게 시작됐다.

2019년 4월, 영등포전통시장 발전을 위한 타운홀미팅이 개최되었다. 상인, 주민, 전문가 등 200여 명이 모여 시장 현안을 이야기하고 개선방안을 토론했다. 그러나 처음에는 상인들 각자가 처한 상황이 달라 가끔 고성도 오가는 마찰이 빚어지기도 하며 합의점

영등포전통시장 타운홀미팅

을 찾기가 쉽지 않았다. 이후 주민과 상인 등 21명의 대표가 모인 '상생발전협의회'를 구성하고, 끊임없이 대화하고 소통했다. 그렇게 영등포전통시장 환경 개선이 시작됐다.

상인분들도 너무나 잘 알고 계셨다. 왜 손님들이 찾지 않는지, 왜 변화가 필요한지, 어떻게 해야 시장도 살고 지역경제도 살릴 수 있는지를 말이다. 중앙통로에 빽빽하게 들어선 약 420여 개의 노점 매대가 무질서하게 난립해 운영되고 있었는데, 당장 사람 한두 명이 간신히 지나갈 정도로 혼잡하여 이것이 시장 이용을 어렵게 하고 이미지를 어둡게 한다는 게 대체적인 의견이었다. 지역 주민과 상인 모두 매대와 보행로의 대대적 정비가 필요하다는 공감대가 만들어졌고 단계별로 하나씩 바꿔가기로 했다.

2019년 10월, 시장 남문 입구가 달라졌다. 남문 70m 구간의 중앙 노점상을 시장 통로 가장자리로 일제히 이동시키고 탁 트인 출입구를 만든 것이다. 이전에는 노점들 때문에 소방차가 들어올 수 없어 늘 화재와 같은 안전사고 위험에 무방비로 노출돼 있었다. 상인들의 안전을 위해서도 통행공간 확보는 정말 중요했다. 가장자리로 이동한 노점 역시 규격화된 상점을 별도로 마련해 깨끗한 공간에서 판매하도록 했다.

2020년 7월, 꽉 막혔던 중앙통로가 탁 트였다. 중앙통로 110m와 순대골목 60m 구간에 2열로 영업 중이던 119개 노점상을 1열 26개로 축소하고 통일된 디자인과 규격으로 정비했다.

낡고 비좁았던 영등포전통시장의 탁 트인 변화였다. 물건을 사는 사람은 충분한 여유를 갖고 둘러볼 수 있고, 물건을 파는 사람도 판매와 응대에 좀 더 집중할 수 있는 공간으로 탈바꿈했다.

그리고 주변 환경들도 하나씩 바꿔 나갔다. 2020년 10월부터 낡은 아케이드를 철거하고, 개폐형 천장의 아케이드로 교체했다. 전통시장만의 이야기와 특색을 살린 공공디자인 아트테리어 사업도 진행했다. 총 3개 구간 330m 규모로 진행된 시설 현대화 사업으로, 영등포전통시장은 60여 년 만에 쾌적하게 확 달라졌다. 예전의 명성을 찾고 제2의 전성기를 구가해 지역경제의 활력이 되도록 아낌없이 지원할 것이다.

왕복 4차선 대로에 위치한 영등포청과시장 보행로는 불법 가설물과 상품 적치로, 주민들의 불편과 민원이 끊이지 않았던 곳이다. 주민들 보행안전과 주거환경, 상권 약화에 따른 지역 경제 침체 등의 문제를 더 이상 간과할 수 없었다.

2020년 2월, 불법 적치물 정비와 아케이드 설치, 노후 하수관 개량, LED 가로등 정비 등 청과시장 일대를 안전하고 쾌적한 보행 친화거리로 탈바꿈하기 위한 계획을 수립했다. 상인들과 공청회, 설명회를 열어 끊임없이 소통했고, 부서 직원들과 개선사항을 꼼꼼히 검토하며 지속가능하고 추진력있는 정비가 되도록 노력했다.

인도 위 불법 적치물을 치우고 가설물을 정비했다. 편개형 아케이드와 LED 가로등 설치, 노후 하수관로 개량 등 보행환경을 개선했다. 외벽 도색, 간판 정비 등 시장 미관도 새롭게 바꿨다.

영등포전통시장과 청과시장을 비롯한 전통시장의 달라진 모습에 주민들이 정말 좋아하셨다. 이제는 편안히 안심하고 걸을 수 있고, 장보기도 편리해 찾고 싶다고 하셨다. 외지 손님들에게도 더 이상 부끄럽지 않다고도 하셨다. 상인들 역시, 변화에 고무된 모습이다. 깨끗해진 전통시장에서 물건 사기 편리해 찾아오게 됐다는 손님들의 칭찬에 이제는 지역 상인들이 먼저 나서서 적극적으로 환경을 가꿔가고 계신다. 상생 협약을 잘 지키며 쾌적한 시장 환경을 유지하기 위해 지속적으로 관리 중이다.

달라지고 있는 우리 영등포구 전통시장을 주민들이 자주 이용하도록 하고 싶었다. 깨끗해진 가게에서 신명나게 장사할 수 있게

영등포전통시장

영등포청과시장

하고 싶었다. 그동안 우리 영등포구에서는 설, 추석 명절이면 전통시장 활성화를 위해 구청 앞마당에 장터를 열고 주민들이 전통시장 물건을 편하게 한자리에서 구입할 수 있도록 지원해 왔다. 하지만 코로나로 인해 강도 높은 사회적 거리두기가 지속되면서 기존의 대면 방식의 전통시장 지원이 어려워졌고, 새로운 방식을 찾아야 했다.

변화하는 소비 방식에 맞춰 온라인 판로 개척을 지원하는 공동구매를 기획했다. 2020년 9월, 추석맞이 〈전통시장 비대면 공동구매〉를 시범 추진했다. 구청이 중심이 되어 물품 주문서를 접수하고, 결제를 관리하는 등 구매자와 판매자, 시장 상인회, 택배사를 연결하는 매개자 역할을 했다. 구민과 지역사회의 호응으로 약 5천만 원의 판매를 올렸고, 침체된 전통시장에 조금이나마 따스한 희망의 온기를 전할 수 있었다.

이후, 공동구매 지원을 더 확대했다. 관내 사회적기업과 협력하여 온택트 시장을 구축하고, 소비자 눈높이에 맞춰 전통시장의 이미지를 친근하게 하는 우리 구 전통시장만을 위한 '영시장' 공동구매를 브랜딩했다. 상품 패키지를 개발하고 라이브커머스 방송을 통해 온라인 홍보에도 적극 나섰다. 영등포시장역과 구청역, 백화점 더현대서울에 팝업스토어를 열어 오프라인 판매도 지원했다. 그

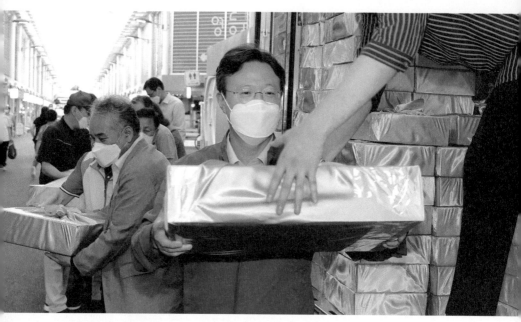

전통시장 공동구매 현장

영등포시장역 팝업스토어

리고 대기업과 협력하여 택배서비스를 제공하여 소비자들이 우리 전통시장의 좋은 제품을 합리적인 가격에 편리하게 이용할 수 있게 했다.

현재까지 총 3번 진행된 공동구매로 3억 2천만 원의 판매 실적을 거둬, 코로나로 지친 전통시장 상인들에게 조금이나마 도움을 줄 수 있었다. 앞으로도 전통시장 활성화를 위해 아낌없이 지원해 나갈 것이다.

지역경제 활성화

　　중소상공인에 대한 체계적 지원을 통해 민생경제 회복의 버팀목을 놓고자 했다. 코로나로 인해 기업 경영에 어려움을 겪는 관내 소상공인과 중소기업의 경영 안정과 경쟁력 강화를 돕고자 다각도의 경제지원 정책을 추진하고 있다.

　　서울시 자치구 최초로 〈노랑우산 희망장려금 지원사업〉을 추진하여 영세 소상공인의 생활 안정과 사회안전망 확충에 노력하고 있다. 관내의 연매출 2억 원 이하 소상공인 공제 신규가입자를 대상으로 지원해, 1,317건의 실적을 올렸다. 또한 중소기업육성기금과 특별신용보증 저금리 융자 지원으로 중·소상공인의 경영 여건에 보탬을 드렸다. 이 외에도 다양한 자금 지원으로 우리 영등포구 소상공인들이 코로나 위기 극복에 실질적인 도움을 주고자 노력하고 있다.

　　소상공인의 고충 중 하나인 결제수수료 문제를 해결하고자 지역화폐 발행 공약을 제시한 바 있다. 공약한 바대로 자영업자와 소상공인들의 매출 증대에 보탬이 되고 지역 골목상권을 살리기 위해 영등포지역화폐인 〈영등포사랑상품권〉을 발행했다.

중·소상공인 경영자금 지원

총**1,648**건, **615**억원

소상공인 무이자 융자

1,333건, **250**억원

중소기업육성기금 융자

231건, **201**억원

자치구 특별신용보증

84건, **164**억원

전통시장 살리기 캠페인(시장연합회)

영등포사랑상품권 활성화 캠페인

이는 우리 영등포구에서만 사용할 수 있는 모바일 지역화폐로, 결제수수료 0%이기에 골목상권을 운영하는 소상공인들에게 실질적인 도움이 된다. 음식점, 동네마트, 학원, 미용실, 약국, 꽃집, 편의점 등 가맹점이 1만 6천여 개에 달해, 관내 거의 대부분의 동네 가게에서 사용이 가능하다. 게다가 7~10%의 할인된 가격에 구입할 수 있어, 알뜰하고 합리적인 소비가 가능해 구민들 만족도도 아주 높다. 영등포사랑상품권은 골목상권을 살리는 7% 더 행복한 소비문화를 만들어 가고 있다.

영등포사랑상품권은 지금까지 총 6번, 850억 원을 발행했다. 서울시 자치구 중 2번째로 많은 규모다. 코로나19 사태로 힘든 시기를 견디고 있던 터여서 소상공인들에게 특히 도움이 되었으리라 생각한다.

맞춤형 일자리 창출

고용률 57.7%, 서울시 상위 5위.

2021년 6월 고용노동부에서 발표한 영등포구 일자리 관련 통계다. 고용 인프라를 만들고 지역 인재를 육성·지원하여 관내 좋은 일자리와 연계하기 위해 노력한 결과일 것이다. 일자리지원센터 운영, 구인기업 발굴, 취업박람회, 지역산업 맞춤형 교육 사업, 민관 협력 일자리 창출 등이 대표적인 일자리 창출 사업들이다. 민선7기에서는 〈맞춤형 일자리 창출〉에 집중해 보다 안정적이고 지속적인 일자리 만들기에 힘썼다.

우선, 청년세대 일자리 지원에 적극 나섰다. 청년들 취업에 실질적인 도움을 주고자 노력했다.

자산운용사의 50%가 우리 대한민국의 금융 중심지인 여의도에 있다는 지역 특성을 활용해, 2019년부터 청년 대상으로 자산운용지원 실무 인력을 양성하는 교육과정을 운영해 관련 직종으로의 취업을 지원했다.

'Y-VS$^{Young Venture Startup}$ 지원프로젝트'를 추진, 영등포 청년창업 생태계 조성에도 앞장서고 있다. '영벤처스(영등포 벤처스타트업 서포터즈)'를 통해 우리 영등포구 청년 스타트업 지원프로그램을 발굴하고 홍보를 지원한다.

청년글로벌기업 취업콘서트

좋은 일자리 포럼

여성 취업 박람회

노인일자리 발대식

이처럼 창업을 통한 지역의 일자리 창출과 경제 활성화에 이바지하는 선순환 모델을 만들고자 노력해 왔다. 청년들을 위한 교육을 지원하고 실제 취업과 창업으로 연결될 수 있도록 적극 지원했다.

그리고 '영등포 청년건축학교'를 통해 그 가능성을 볼 수 있었다. 2018년 문을 연 '영등포 청년건축학교'는 청년들에게 건축과 다양한 건설시공 기술을 교육하고 취·창업을 지원하는 전문교육기관이다. 청년 건축 전문인력을 양성하여 청년 일자리로 이어지고, 나아가 지역경제 활성화와 지역사회 공헌에 이바지하는 새로운 일자리 창출 모델을 구축하기 위해 만들어졌다.

수료생들이 협동조합을 설립하고 비즈니스 모델을 만들어 사업화하는 과정을 지원했다. 2021년 9월, 수료생 8명이 뜻을 모아 '뚝딱수리협동조합'을 만들었다. 그리고 지역 취약계층의 주거환경을 개선하는 사업을 시작했다. 무료로 교육받은 터라 받은 혜택을 사회에 환원하고 싶다는 청년사업가 말에 절로 흐뭇했던 기억이 생생하다. 교육이 창업으로 이어져 지역경제에 이바지하는 '지역 일자리 선순환 모델'로 자리잡도록 지속적으로 관심을 갖고 지원할 생각이다.

100세 시대. 취업은 더 이상 청년들만의 문제가 아니다. 중·장년층의 역량강화, 재교육을 통한 재취업 지원 역시, 지역사회가 함께 살피고 챙겨가야 한다.

　빠르게 변하는 시대에 적응하고 발맞추도록 중·장년층의 디지털 역량 강화를 위한 교육을 지원하고 정보 공유를 통해 협업이 가능하도록 기반 시설과 다양한 지원 프로그램을 만들어 가고 있다. '일자리희망플랫폼'을 통해 구청과 지역이 함께 지원할 것이다. 조기 퇴직 또는 은퇴를 준비하는 4050세대의 취업과 창업, 커뮤니티 활동, 협업을 지원하고 소통하는 공간이다. 제2의 인생을 설계하고 나아갈 수 있도록 구가 든든한 후원자이자 버팀목이 될 것이다.

　코로나로 인해 채용이 어려워진 관내 중소기업을 대신하여 공공 일자리 창출에도 힘썼다. 그 결과, 2018년 6월 5,265개에서 2021년 10월 25,037개로 약 4.75배 일자리가 증가했다.

　영등포구의 여성을 위한 취업 지원 정책도 확대해 가고 있다. 일자리가 필요한 여성을 지원하기 위해 2019년부터 해마다 '여성취업박람회'를 개최해 적합한 일자리를 찾을 수 있도록 다양한 기회를 제공하고 있다.

　경력단절여성의 재취업을 위한 인프라 제공에도 힘쓰고 있다. 여성늘품센터 3개소, 총 36개 과목 41개 반을 운영해 폭넓은 취업 교육 기회를 제공하고 있다. 경력단절여성을 위한 맞춤형 취업특강

약 **4.75**배 증가

2018.06.
5,265개

2021.10.
25,037개

 고용률

서울시 상위 5위
57.7%

실업률

서울시 상위 3위
4.3%

어르신일자리 **15,440**개

장애인일자리 **376**개

기타 **9,221**개

25,037개

18,120개

11,117개

5,265개

2018년   2019년   2020년   2021년

인 '경단녀 자신만만 프로그램'도 운영, 실질적인 맞춤형 컨설팅을 지원하기도 했다.

앞으로도 변함없이 영등포구 여성들의 꿈을 늘 지지하고 응원하며, 여성친화도시 영등포를 만들어 갈 것이다.

일자리가 지역사회 안전망이자 최고의 복지다. 일자리를 통해 구민은 꿈과 경력을 키워가고, 지역 경제는 활성화되며 구는 활력 있는 경제도시로 성장해 갈 것이다.

노동존중

영등포산업선교회는 60~70년대 노동선교와 민주화운동을 이끌었던 중심지로서 지금도 취약계층 노동자들을 위한 활동을 벌이고 있는 서울미래유산이다. 역사적으로 가치 있는 이곳을 노동복지 거점공간으로 조성하기 위해 영등포구와 선교회는 업무협약을 체결하여 협력 관계를 구축하였고 2021년 〈노동자종합지원센터〉가 조성되었다.

센터는 노동복지사업의 구심점이 될 것이다. 무료 법률상담, 노사관계 컨설팅 등 근로환경 개선을 위한 사업과 노동법령, 인권교육 등 수요자 맞춤형 교육 및 노동자를 위한 다양한 문화·여가프로그램을 운영한다. 체계적인 정책 연구도 이루어질 것이다. 나아가 지역의 유관단체와 네트워크를 형성하고 공동 협력사업들을 추진하여 다양한 의제를 발굴하고 노동자와 주민들의 상호 연대 의식을 증진하는데 기여할 것이다.

4차산업혁명의 신기술에 기반한 새로운 성장의 시대가 오고 있다. 영등포는 신성장동력을 발굴하고 육성하여 대한민국의 대표 경제도시로서 한걸음 더 나아갈 것이다. 이와 더불어 갈수록 심화되는 경제적 양극화에 맞서 사람과 노동의 가치가 존중받는 영등포, 포용과 상생의 영등포를 만들어 가리라.

영등포산업선교회 건물사용 협약 체결

쾌적한 주거
안심도시

쾌적한 주거 안심도시를 만들기 위해 우선 피부에 닿는 생활환
경부터 개선하는 데 주력했다.

쓰레기 문제를 효율적으로 관리하고 재활용 자원순환체계를
재구축했다. 주택가 주차난 해소를 위해 다양한 방식으로 주차면
을 대폭 확충하였다.

안전한 거주·보행 환경을 만들기 위해 CCTV의 성능을 향상
하고 설치 지역을 대거 확대하였다. 가마산로, 당산로, 도림로 일대
전선지중화 사업을 적극 추진하였다. 여성안심귀갓길 조성, 여성안
심귀가스카우트, 안심비상벨 등으로 여성의 보행안전에 만선을 기
하고 있다.

이와 함께 주택단지의 중대규모 정비사업도 꼼꼼히 챙기고 있다. 노후하고 기반시설이 열악한 단독주택 밀집지역을 중심으로 재개발이 활발히 이루어지고 있다. 신길·영등포재정비촉진지구의 재개발, 문래·양평도시정비형 재개발 등이 대표적이다. 지역 특성을 고려해 주민의견을 적극 수렴하면서 공공재개발 참여 또한 확대하고 있다.

여의도 노후아파트는 주거안전 확보와 도심경쟁력 강화라는 양 측면에서 재건축정비사업의 토대를 차분히 구축하고 있다. 안전 E등급의 영진시장(아파트)에 대한 긴급 정비와 재해위험 빈집에 대한 우선 정비를 추진하였다. 도시재생사업과 쪽방촌 공공주택사업 등 취약계층의 주거안정을 위해서도 지속적으로 힘썼다. 또한 청년세대의 주거난 해소를 위해 당산, 신길, 대림에 역세권 청년주택을 적극 유치하였다.

내 기억 속 골목에는 늘 아이들, 웃음소리, 정겨움, 따스함이 있었다. 아이들이 도란도란 모여서 놀며 안심하고 뛰어다니던 곳. 고향의 향수를 불러일으키는 푸근하고 정감 가는 공간이었다. 그런데 언제부턴가 CCTV가 없으면 불안하고 갑자기 마주치는 행인이 두렵다고들 했다. 골목길이 무섭다는 아이들의 이야기에 마음이 철렁 내려앉았다.

'아이들이 내 집 앞 골목에서 뛰어놀 수 있게 만들자.'

'탁 트인 골목길을 우리 아이들에게 유산으로 남겨 주자.'

'구민 모두가 안심하고 동네 구석구석 어디든 다니며,

내 기억보다 더 아름다운 추억의 공간이 되도록 하자.'

쾌적한 주거환경으로 늘 머물고 싶고 모두가 안심할 수 있는 동네 만들기를 시작했다. 가장 먼저 골목 환경부터 바꿔 나갔다. 내 집 앞 풍경이 달라지니 주민들이 동네에 대한 관심이 높아졌다. 이러한 관심이 참여로 이어지도록 주민 주도의 프로그램 운영을 지원했다. 참여하는 주민들이 많아지니 더 나은 의견들이 모였고, 더 많은 이야기가 생겼고, 더 활발한 소통이 이뤄졌다. 탁트인 영등포를 위한 '탁트인 골목길' 선순환의 시작이었다.

당산골 문화의 거리

2021년 10월 열린 '당산골 등빛 산책'. 거리를 환하게 비춰주는 과일등 산책로를 걸으며 주민들께서 직접 참여한 체험부스를 둘러보았다. 이전에 나쁜 카페가 밀집해 있던 모습이 더 이상 떠오르지 않았다. 구민 한 분, 한 분의 땀과 노력으로 마을도서관과 주민 커뮤니티공간, 사회적기업이 들어선 밝고 활기찬 거리로 변화하고 있었다.

원래 당산1동 골목길 일대는 일명 '나쁜 카페거리'로 불렸다. 주택가 한복판에 일부 불법 영업을 일삼는 카페형 일반음식점(주점)들이 밀집해 있었던 까닭이다.

이런 유해업소들이 줄지어 선 골목은 교육과 주거환경을 저해하고 지역의 슬럼화를 가속시키고 있었다. 주민 안전을 위해 CCTV와 보안등을 추가로 설치하고 업소의 위생 단속과 위법 간판 단속 강화를 시행했지만 큰 실효를 거두지는 못했다. 보다 근본적인 대책이 필요했다.

'당산골 골목 일대를 밝고 활기차고 생동감 넘치는 문화의 거리로 만들자.'

당산골 등빛 산책

우선 카페형 업소 3곳을 임차했다. 그리고 민관 협치 워킹그룹을 만들어 어떤 공간으로 만들어 갈 것인지 주민들의 의견을 수렴했다. 그 뜻을 담아 주민 모두를 위한 도서관, 커뮤니티 공간으로 만들어 가기 시작했다. 2019년 7월, '주민 커뮤니티', '당산골 행복곳간 1·2호점', '책나무 마을도서관'이 들어서며 당산골은 달라져 갔다.

동네에 변화의 바람이 불자 더 이상의 '나쁜 카페'가 자리할 수 없는 분위기가 자연스럽게 만들어졌다. 특색 있는 과일 디자인 조명을 설치하고, 간판디자인을 새롭게 바꾸고, 당산골 갤러리를 만드는 등 문화가 있는 걷고 싶은 보행친화거리로 바꿔갔다. 그리고 젠트리피케이션 방지를 위한 건물주·입주자·구청 간 상생협약으로 이러한 변화에 힘을 더했다.

주변 환경이 달라지고 주민들의 자발적 캠페인에 찾는 손님이 줄어들자 하나 둘 문을 닫거나 업종을 바꾸는 가게들이 많아졌다. 그 결과 41개에 달하던 카페형 업소가 절반인 20개로 줄어들었다.

이러한 빈 공간은 아이, 청년, 주민들이 채웠다. '책나무 마을도서관'과 '빛글공감 마을도서관'에서 아이들은 꿈을 키우고 자라고, 사회적경제에서 청년들은 건강한 지역경제의 토대를 만들어 가고,

공유부엌에서는 주민들과 공유경제 가치를 나누고 함께 배워가고 있다. 사람을 키우고, 지역의 가치를 나누며 동네는 공동체로 성장할 것이다.

특히 당산동의 유해업소 밀집 골목은 대대적 캠페인과 끈질긴 설득 행정으로 안전하고 활동적인 문화의 거리로 탈바꿈되고 있다. 과거 부끄럽고 감추고 싶었던 어두운 동네가 아니다. 이제는 모두의 성장을 도모하고 가치 있는 성장을 주도하는 우리들의 동네가 된 것이다.

바뀌지 않았던, 바꿀 수 없을 것이라던 당산골이 달라지자 자신감이 생겼다. 주민들과 함께라면 영등포 골목골목을 걷고 싶고 특색 있는 동네로 만들 수 있으리라. 이웃과 교류하며 우리 동네 문화를 스스로 만들어 가는 주민 모두를 위한 변화의 시작이었다.

탁트인 골목 만들기

주민 스스로 생활과 가장 밀접한 부분부터 바꿔 나가니 동네 골목이 눈에 띄게 달라지기 시작했다. 주민들과 지속적으로 소통하며 행정의 사각지대를 챙겨볼 수 있었고 주민들의 실질적인 요구를 듣고 이를 즉각 행정에 반영할 수 있었다. 구민 중심의 생활 밀착형 행정의 구현이었다. 이러한 긍정적 변화가 계속 이어질 수 있게 '탁트인 골목 만들기' 사업으로 행정적 지원을 아끼지 않았다. 주민이 보다 적극적으로 참여하고 안정적으로 프로그램을 운영하도록 했다.

'탁트인 골목 만들기'는 각 동의 특성을 살린 주민주도형 공동체 프로그램을 만들어가며 민선7기 영등포구만의 특색 있는 주민자치 역량 강화 사업으로 자리잡았다. 문래동 목화마을, 대림1동 조롱박마을, 도림동 장미마을, 양평2동 시월의 선유 등이 대표적이다. 지역마다 고유의 특성을 잘 살렸다. 역사적 배경, 지리적 요인, 주민 특성 등 각기 다른 환경적 특성들이 각양각색의 개성 있는 마을을 만들어 내고 있다. 주민들 자부심이 대단하다.

골목길 보행 안전을 위한 구체적 방안을 찾고 이를 실행했다. 골목길 안전 사각지대를 최소화하기 위해 노후 CCTV를 교체하거

나 새롭게 확충했다. 그리고 노면 표시, 여성 안심 귀가스카우트, LED등 및 비상벨 설치 등을 갖춘 여성 안심 귀갓길 15개소를 조성했다. 야간 유동인구 빅데이터 자료를 활용해 최적의 장소를 선정, 과학적 근거를 토대로 현장에 적용했다. 4차산업 시대의 행정의 바람직한 모습이라고 평가받기도 했다. 또한 벽화그리기 사업으로 노후한 골목길을 안심하고 걷고 싶은 아름다운 동네로 바뀌어가고 있다.

주민들의 자발적 참여를 지속적으로 이끌며 시너지 효과를 낳기 위한 보다 체계적인 관리 시스템이 필요했다. 2019년 4월 주민주도, 주민 참여의 제도적 기반인 '주민자치회 관련 조례'를 제정했다. 이제 주민들은 주민자치회를 통해 스스로 규칙을 만들고 운영 방식과 체계를 세우며 풀뿌리 민주주의를 실천하고 있다. 주민총회, 회의, 투표 등의 민주적 절차를 통해 지역문제를 직접 해결하고 지역발전에 앞장서는 진정한 자치분권 시대를 열어 가고 있다.

앞으로 주민자치회는 전 동으로 확대된다. 이제 주민들은 공동체 안에서 토론하고 협의하는 과정을 거치며 보다 체계적으로 동네를 가꿔갈 것이다. 그리고 이웃 주민과 소속감과 유대감, 책임감을 느끼며 주체적으로 나아갈 것이다. 우리 영등포구민들은 내가 사는 동네에 자긍심을 갖고 풀뿌리 민주주의를 배울 것이고, 미래

주민이 주인되는 마을, 영등포구에 풀뿌리 민주주의가 싹을 틔웁니다.
2021년 영등포구 주민자치회 위원 위촉식
변화
참여
실천
소통
경청
배려
가치
내손으로
만드는
탁트인
영등포

세대에게 더 나은 민주주의의 가치를 전하며 더 높은 민주주의의 이상을 구현해 나갈 것이다.

이렇게 주민자치의 성장과 함께 영등포의 마을들은 변화하고 있다.

폭염과 장마 때면 특히 기승을 부리는 악취로 인한 주민 불편이 대단했다. 이를 해소하고 쾌적한 도시환경을 조성하기 위해 악취저감사업을 본격적으로 추진했다. 복합적인 요인으로 발생하는 악취에 대하여 전문가와 함께 악취 측정 및 분석을 통하여 정확한 원인을 찾고 악취 발생원에 맞는 악취 저감방안을 적용하여 생활악취 민원을 감소시키고 쾌적한 주거환경을 조성하고자 했다.

분야별 4개 기능부서(환경과, 청소과, 치수과, 위생과)로 '하수 및 생활악취 처리대책반'을 운영하여 생활악취 민원에 발빠르게 대응케 했다. 지역 현황에 밝은 18개동 총 90명으로 구성된 '동별 악취저감사업 추진단'을 구성·운영하여 지역 악취 발생 여부를 구석구석 조사하고 모니터링을 실시하는 적극행정을 펼쳤다.

2020년 실시한 악취 민원 다발지역 5개 구간에 대한 〈악취발생원 실태 조사 및 저감방안 수립 용역〉을 실시했다. 용역 결과 도출된 악취 발생원 개인하수처리시설 17개소에 대하여 폭기 시설 정상 가동 및 공기공급장치 타이머 조정 등 악취를 저감할 수 있는 방안을 포함한 안내 공문을 발송하였고, 해당 개인하수처리시설 지도·점검을 실시하여 악취의 발생 원인을 줄여 나갔다. 또한 용역 결과 악취 발생이 심한 공공 하수관로 41개소에 대하여 하수

서울시 '하수 악취 줄이기' 최우수구에 영등포구

기사입력 2021.11.10. 오전 6:00   기사원문   스크랩   🌐 본문듣기 · 설정

😀 공감   💬 댓글   요약봇   가   🖨

광화학적 흡입탈취시설

광화학적 흡입탈취시설 모식도

맨홀 악취차단장치

빗물받이 악취차단장치

하수도 악취저감시설 사례
[서울시 제공]

관내 악취저감시설 설치, 낙차완화시설 등 악취저감시설을 우선적으로 설치키로 했다.

'악취 원인조사 기동반'을 구성하여 운영했다. 악취 원인이 불분명할 경우 악취 전문가와 함께 현장을 점검하고, 맨홀 악취를 24시간 이상 연속측정하여 악취발생 원인 및 저감 방안이 포함된 결과보고서를 제출받아 함께 악취의 근본적인 원인을 해결해 나가

고 있다. 악취전문가와 함께 현장을 방문하여 시설 점검, 악취 측정 등을 통하여 민원을 처리하니 주민의 행정에 대한 신뢰도와 만족도가 매우 높았다. 악취 전문가가 작성한 결과보고서에 따라 저감 방안을 적용했을 경우 실제로 악취가 감소하여 악취 민원이 해소됨을 확인하였다.

서울시가 2021년 자치구별 추진실적을 토대로 5개 분야 15개 항목에 대한 하수악취 저감 추진실적을 점검·평가한 결과 우리가 최우수구에 선정되었다. 영등포구는 평가점수 100점 만점에 91점을 획득해 평가항목 전 분야에서 뛰어난 실적을 나타냈으며, 특히 하수악취의 주범인 정화조 악취 저감을 위한 정화조 악취저감시설(공기공급장치)과 모니터링시스템 설치 실적에서 높은 평가를 받았다.

하수악취는 심미적 불쾌감을 유발하고 도시의 품격을 떨어뜨린다. 그래서 하수악취를 없애려는 노력은 주민의 삶의 질을 향상시킴과 동시에 도시를 품격있게 만드는 기본 중에 기본인 행정이다.

수변 힐링명소 조성

우리 영등포구가 '수변도시'라는 것은 큰 행운이자 기회다. 여의도 한강공원은 영등포구를 대표하는 수변 힐링 명소이다. 휴일이면 이곳에서 산책이나 조깅, 마라톤, 자전거 타기 등을 즐기는 주민들의 모습에서 수변생태 환경이 지닌 가능성을 보았다.

건강과 여가에 대한 관심이 높아지고 생활체육이 보편화되면서 체육시설을 확충해 달라는 주민들의 요구가 높아졌다. 사실 주민 수에 비해 시설이 많이 부족했다.

주민들이 편안하게 이용할 수 있는 새로운 체육시설이 필요했다. 바쁜 일상 속 주변을 돌아보며 여유롭게 쉴 수 있는 산책 공간, 이웃과 함께 운동을 배우고 가족과 여가를 즐길 그런 공간들이 필요했다.

'자연친화적인 탁 트인 공간에서 운동하고 힐링하며 삶의 만족과 여유를 찾을 수 있도록 해드리자. 한강과 샛강, 안양천, 도림천에 둘러싸인 수변 자원을 제대로 활용하면 가능하지 않을까.'

안양천은 주민들이 여유롭게 재충전할 수 있는 수변산책로가 새롭게 조성되어 힐링 명소로 거듭나고 있다. 보행데크, 잔디광장,

포토존을 새롭게 설치해 주변 산책로를 만들고 환경을 개선했다. 생활체육시설에서 건강을 챙기고 더불어 휴식도 할 수 있게 해 달라는 주민들의 요구를 적극 반영했다. 주민들의 건강한 삶을 위한 생활체육을 지원하고 휴식과 힐링이 가능한 수변 문화체육공원으로 지속적으로 가꿔갈 것이다.

　한강, 샛강, 안양천, 도림천을 잇는 수변 생태순환길에는 안내판을 설치하고 휴게시설과 산책로를 정비했다. 주변 장미원, 초화단지 등과 함께 누구나 찾아와서 쉴 수 있는 공간, 사계절 변화하는 수변 경관 등 볼거리가 풍부한 공간, 녹지가 풍부한 생태공간이다.

수변문화도시 기반 조성은 안양천을 공유하고 있는 주변 지자체들과 함께 이뤄나가고 있다. 2021년 5월, 서울권역(영등포, 구로, 금천, 양천)과 경기권역(광명, 안양, 군포, 의왕) 8개 자치단체가 '안양천 명소화·고도화 사업 추진을 위한 협약'을 체결하고, 안양천을 시민을 위한 친환경 휴식공간으로 만드는 데 적극 협력할 것을 약속했다.

안양천 종합체육벨트

접근성이 좋은 안양천을 건강과 여가 생활을 지원하는 도심 속 공간으로 바꾸기 시작했다. 이름하여 안양천 종합체육벨트.

2019년 이전 양화교부터 양평교 사이에 조성된 기존 체육시설은 마사토 축구장 3면으로, 시설이 낡고 축구 한 종목만 가능해 주민 이용률이 낮았다. 그래서 기존 노후 운동장과 둔치 유휴부지를 활용해 생활체육시설을 만들어 구민들이 안전하고 쾌적한 생활체육을 즐길 수 있도록 대대적 정비사업을 진행했다. 야구장 2면, 인조잔디축구장 2면, 육상트랙, 하드코트테니스장 7면, 파크골프장 18홀 2면을 신규 확충하였는데, 명실상부 영등포 생활체육의 메카로 새롭게 탄생한 것이다.

야간 조명 시설까지 설치된 국제규격 인조잔디축구장은 영등포 축구인들의 환호를 자아냈고, 안양천 체육벨트의 상징이 되었다.

그동안 정식 시설이 없어 축구장에 임시 펜스를 설치해 경기에 어려움이 많았던 야구장. 대림운동장 내 클레이코트 3면뿐이어서 수요에 비해 시설이 턱없이 부족했던 테니스장. 그러나 이제는 안양천의 탁 트인 수변공간에서 영등포구 최초의 정식 야구장과 하드코트 테니스장을 이용할 수 있다. 야구와 테니스 동호인을 비롯 주민의 오랜 숙원 사업이 이루어졌다.

또한 어르신들이 가장 좋아하시는 파크골프장도 조성했다. 영등포구 최초의 직영 파크골프장이다. 하천변 드넓은 잔디 필드에서 다양한 난이도의 게임을 즐길 수 있어 이용자들의 만족도가 높고 현장에 나갈 때마다 정말 좋다고 칭찬하신다.

종합체육벨트는 사업 계획부터 설계, 시공까지 모든 과정마다 주민들과 적극적으로 소통하며 요구사항을 최대한 반영해 진행됐다. 이러한 노력이 '주민 만족'이라는 값진 결과로 이어진 듯하다.

이와 더불어 현재 양평1유수지 생태체육공원은 활용도가 낮았던 기존 유수지 상부에 배드민턴장, 족구장, 농구장, 조깅트랙을 조성해 가벼운 체육활동과 편안한 산책을 동시에 즐길 수 있는 도심 속 쉼이 있는 공간으로 탈바꿈했다. 이처럼 앞으로 우리 영등포구 곳곳에 더 많은 체육시설이 만들어질 것이다.

대림3유수지의 유휴공간을 활용한 종합체육시설은 2024년 준공 예정으로 제1,2스포츠센터를 잇는 '제3스포츠센터'로서 영등포 대표 체육시설이 될 것이다. 신길문화체육도서관과 양평동 공공복합시설에도 생활체육시설이 들어선다. 집 주변 가까운 곳에서 생활체육을 즐기며 건강한 주민생활을 지원할 것이다.

안양천 종합체육벨트

탁트인 공공디자인

10m 이상 도로변에 인접하고 통행량이 많은 공사장에 가보면 새롭게 디자인된 '탁트인 영등포 가설울타리'를 볼 수 있다. 기존의 칙칙하고 딱딱한 형태와 달리, '탁트인'을 상징할 수 있는 색상과 구정을 알릴 수 있는 메시지가 접목된 이미지로 디자인했다.

기존 공사장 가설울타리는 우리 영등포구 특성과 구정 방향에 맞지 않았을 뿐만 아니라, 영등포구만의 정체성이 없고 일관성도 떨어져 울타리 디자인이 오히려 도시 미관을 해치는 지경이었다.

'도시의 풍경을 바꾸자.'

기존 디자인의 문제점을 보완하고 영등포의 모습과 구정 방향을 잘 담은 〈탁트인 영등포 공공디자인〉을 개발했다. 거리, 문화, 생활 세 가지 테마로 나눠 민선7기에서 현재 진행되고 있는 주요 사업을 다채로운 색상과 감각적인 아이콘을 통해 잘 드러내게끔 했다.

우선적으로 관내 5개소 공사장에 시범 적용 후 이를 보완하여 최종 디자인을 완성하였고, 주민들이 생활 속에서 쉽게 만나게 되는 공사장 가설울타리에 최종 개발 디자인을 적용하여 적극 활용하고 있다. 특히 관내 신규 착공 공사장 중 10m 이상 도로변이나 통행량이 많은 곳에 위치한 약 30여 개소에 각 구역별 특성을 살

린 '탁트인 영등포 공공디자인'을 적용한 가설울타리를 설치하였고, 새로운 디자인을 지속적으로 개발하여 주민들이 생활 속에서 구정의 현황을 접할 수 있도록 하고 있다.

'도시 곳곳을 새롭게 디자인하자.'

도시의 공공디자인은 또 하나의 도시 풍경으로 그 도시의 미적 수준을 보여준다. 디자인은 도시의 새로운 힘이다. 영등포 도시 디자인의 첫 걸음을 이제 막 시작했다고 할 수 있다. 영등포구 골목마다의 특색과 가치를 담은 도시 디자인이 골목과 동네 풍경, 도시 경관을 바꾸게 될 것이다. 어디를 가더라도 보기 좋고 걷고 싶은 마음이 들도록, 영등포의 거리와 골목은 지금 새 옷을 입고 있다.

4장

더불어 잘사는
복지도시

2020년 12월, 서울시사회복지사협회로부터 '2020 복지구청장상'을 받았다. 복지의 최일선 현장에서 가장 애쓰시는 사회복지사분들이 주신 상이라 그 의미가 더 크고 무겁게 다가왔다.

이는 지난 민선 5·6기 구정에서 어르신과 장애인 등 구민 복지를 위해 각별히 노력한 조길형 전 구청장님의 덕이기도 하다. 영등포 복지체계의 기반을 잘 만들어 주셨고, 따스하게 구민을 살피고 구정을 챙기셨기에 이러한 값진 성과를 가져올 수 있었다. 이렇게 이어져 온 우리 영등포구의 복지시스템을 한 단계 더 도약시켜 민선7기 '영등포형 복지'를 만들어야 했다.

'영등포구민의 삶에 따뜻한 활력을 불어넣자. 구민이 직접 체감할 수 있는 생활밀착형 복지행정을 펼치자. 모세혈관처럼 구민복지를 촘촘하게 빈틈없이 챙기자.'

민선7기 영등포형 복지는 모든 세대와 계층을 아우르는 촘촘한 복지체계를 갖추게 될 것이다. 어르신에게는 활력 넘치는 건강한 노후를, 장애인에게는 더불어 사는 통합사회의 가치를, 여성과 아이, 어린이와 청소년 모두가 자신의 권리와 행복을 누릴 수 있도록 적극적으로 지원할 것이다. 그리고 사회 안전망이 닿지 않는 곳까지 구민 삶의 구석구석을 챙겨 사각지대 없는 촘촘한 복지 행정을 구현할 것이다.

어르신 존중 영등포

틈나는 대로 경로당을 찾는다. 어르신들 안부를 여쭙고 혹여나 어디 불편한 곳은 없으신지 살핀다. 여름에는 더우실까, 겨울에는 추우실까 어느 하나 사소한 것 없이 늘 걱정이다. 그리고 필요하신 부분은 없으신지 여쭤보면 '외로움'이 가장 무섭다고 하신다. 애틋한 마음에 따스하게 손 잡고 눈 마주치며 말씀을 듣는다. 아버지 어머니를 대하는 무거운 마음이 들 때가 한두 번이 아니다.

고령화와 가족 구조의 변화로 혼자 살고 계신 어르신은 계속 늘어나고 있다. 신체 노화와 질병, 경제적 어려움에 더해 고독감, 우울 등으로 한층 더 힘드신 분들이 많다. 우리 영등포구 역시 마찬가지다. 어르신 복지를 보다 세심히 살피고 더 많이 지원해야 한다.

함께 지내실 수 있는 편안한 기반시설을 만들고, 소통하며 여가를 즐길 수 있는 커뮤니티 활동을 지원하여 어르신들께서 공동체 구성원으로서의 소속감과 안정감을 느낄 수 있도록 해드리는 것이 어르신 복지 행정의 역할일 것이다.

어르신들 집 주변의 주거 환경부터 살펴 나갔다. 동네 곳곳에

있는 경로당들을 다니면서, 손 볼 곳이 있는 부분들을 챙겨 개조하거나 보수해 드렸다. 또한, 노후된 경로당은 조금이라도 편안하고 따스하게 지내실 수 있는 공간으로 리모델링했다. 영등포구 어르신들의 복지 전반을 책임지고 있는 구립영등포노인케어센터를 증축했다. 보다 깨끗한 곳에서 다양한 프로그램들을 즐기실 수 있게 되었다. 이곳에서 구민들과 만나고 어울리면서 건강도 챙기시고 즐겁고 행복한 노후를 보내셨으면 좋겠다.

어르신들의 건강 역시 하나하나 챙겨가고 있다. 관내 공원과 복지시설 등에 어르신 운동기구를 점검하고 확충해 가고 있다. 동마다 어르신들이 즐길 수 있는 맞춤형 신체활동 프로그램도 늘려가고 있다. 어르신들이 신체적·정신적·정서적 건강을 챙기며 두루두루 건강한 노후를 보내실 수 있도록 세심히 살피고 있다.

어르신 건강에서 중요한 부분을 차지하고 있는 치매 분야는 각별히 챙겼다. 2017년 9월 '치매 국가책임제'가 시행됐다. 가족의 문제가 아닌 사회구성원 모두의 일임을 공표한 것이다. 이에 발맞춰 영등포구 역시 〈치매안심센터〉를 통해 환자와 가족들에게 맞춤형 상담, 검진, 관리, 관련 서비스 연계 등 치매통합관리서비스를 제공해 왔다.

하지만 아직까지도 가정과 개인의 문제라는 인식이 강했고, 이러한 인식을 개선하고 사회구성원의 공감대를 만들어 가는 것이 필요했다. 2020년 9월 '치매안심센터'는 '기억키움센터'로 이름이 바뀌었다. 치매가 가족의 문제가 아닌 사회가 함께 해결해 나갈 '공동체의 일'이라는 인식을 보다 분명히 하고, 더 적극적으로 지원을 확대하고자 시설을 리모델링하고 '기억키움센터'라는 이름으로 새단장한 것이다.

'기억키움센터'에는 의사, 간호사, 사회복지사 등 전문인력이 상주하며 치매예방과 인식개선, 치매조기검진, 인지건강프로그램 운영과 교육을 지원하고 있다. 주민들의 인식도 조금씩 달라지고 있다. 치매로 인한 사회적 비용과 가족 부양부담으로 인해 고통받는 주민들이 없도록 구와 주민 모두가 함께할 것이다.

어르신들에게 '일자리'는 복지의 또 다른 이름이다. 주로 경제활동과 자아실현을 위해 일자리와 노동을 하는 청년세대와는 다르다. 노동을 통해 사회활동에 참여하여 공동체의 일원으로서 소속감과 안정감을 찾는 것이다. 생계를 위해 필요하신 분, 노동으로 삶의 활력을 찾는 분, 경력을 활용해 사회에 환원하며 보람과 자존감을 찾는 분 등 다양한 이유로 일자리는 중요하다. 그래서 어르신 일자리는 단순한 경제활동이 아닌 복지의 관점에서 바라봐야 한다.

독거어르신 방문

영등포구는 어르신들의 안정된 노후를 보장하고 삶의 경험과 경륜이 사회에서 선순환될 수 있도록 다양한 일자리를 개발하여 지원하고 있다. 60세 이상 일하기 희망하는 어르신 누구나 참여할 수 있도록 단계적으로 다양한 일자리 사업을 확대하고 있다.

현재까지 매년 전년 대비 5% 이상 늘려 왔다. 앞으로 지속가능한 일자리를 보다 확충하여 질 높은 일자리 마련에 최선의 노력을 다하겠다.

내가 꿈꾸는 영등포구 어르신들의 모습은 이랬으면 좋겠다.

경로당에서 주민과 소통하고, 구 복지시설에서 다양한 여가 활동을 즐기며, 지역사회 안에서 건강과 돌봄을 제공받고, 일자리 사업에 참여해 경륜을 사회에 환원하며 공동체에 기여하는 여유롭고 풍요로운 노후.

여가와 휴식을 즐기며 안정된 노후생활로 내일이 기대되는 일상을 누리실 수 있도록 지속적으로 챙겨 나갈 것이다. 가족과 공동체를 위해 어떠한 고난과 희생을 마다하지 않았던 어르신 세대에 보답하는 마음으로 최선을 다하리라.

장애인 복지는 시혜가 아니라 장애－비장애 통합사회를 구현하는 시책이다. '학교 가는 길'이란 영화를 봤다. 인근 강서구에서 특수학교를 유치, 설립하는 과정에서 발달장애 부모님들이 흘린 땀과 눈물을 기록한 다큐 영화다. 이 영화에서 장애 당사자가 아닌 사람들이 장애를 사회의 문젯거리로 보아 여전히 차별을 일삼고 있는 부끄러운 현실을 여실히 볼 수 있었다.

장애인 복지에서는 올바른 시각이 더욱 요구된다. 당사자가 아닌 사람은 그런 의식적 가치관을 갖추지 않으면 차별적 시각을 탈피하기 어렵기 때문이다. 그래서 장애인 복지는 돌봄을 넘어 '함께'의 가치에 동참하는 적극적 의사 표현이어야 하고, 구체적 행동이어야 한다. 특히 행정은 이러한 인식에 유념해 장애인 복지 정책과 사업을 펼치도록 부단히 노력해야 한다.

성인 발달장애인의 평생교육 기관인 〈발달장애인 평생교육센터〉를 민선7기에 개관했다. 의사소통, 사회적응, 직업전환교육 등 총 5년 단위의 교육과정으로 운영된다. 학령기가 지나 학교를 마치게 되면 성인기 발달장애인들은 마땅한 돌봄과 교육 공간이 없다. 민간이 운영하는 일부 주간보호센터가 고작이고, 그 또한 숫자도 적

발달장애인 평생교육센터 개소식

농아인쉼터 개소식

고 시설 여건도 충분하지 않은 것이 현실이다. 이런 상황에서 고인이 되신 박원순시장께서 발달장애인 가족의 요구를 수렴해 시행한 사업이 '1개구 1평생교육센터'다. 가족에게 성인기 발달장애인 돌봄을 전가시키는 현실에서 숨통을 틔운 의미 깊은 정책이다.

개소식에서 서울장애인부모연대 김종옥 회장님께서 하신 말씀이 기억에 남는다.

"이곳에서 장애인분들이 사회 일원으로 성장하는 행복한 5년 보내기를 바랍니다."

이 말에 공감하면서도 울컥하는 게 있었다.

'그럼 여기서의 5년 이후는 어떻게 되지? 이 친구들은 어디로 가지…….'

성인기 발달장애인의 사회적 자립과 국가적 돌봄에 대한 방안을 심각하게 고민해야 하는 이유다.

청각장애인은 의사소통이 어려운 장애의 특성상 일반 복지시설의 이용이 어렵다. 다른 장애인시설조차 이용하기 어렵다는 고충에, 청각장애인 맞춤형 복지를 위한 〈농아인쉼터〉를 2020년 4월 새로 만들었다. 상담, 정보, 문화, 교육 등을 통합적으로 지원하여 청각장애인의 맞춤형 복지를 실현하고 장벽 없는 환경을 마련하는 노력의 일환이다.

〈영등포구 수어통역센터를 확장·이전〉하는 데 지원했고, 그곳에 농아인쉼터를 별도로 조성했다. 청각장애인을 위한 통합복지서비스를 제공하는 데 큰 도움이 될 수 있기를 기대한다.

장애인 가족의 건강한 가족관계 형성을 지원하고자 〈장애인가족지원센터〉를 개관하여 운영하고 있다. 장애인 돌봄으로 가족 위기 등에 처한 장애인 가족의 종합적·개별적 욕구에 대응하고 사회적·심리적 어려움을 겪을 수 있는 분들을 최대한 지원하고자 마련한 시설이다.

발달장애인평생교육센터와 같은 건물로 장애인이 시설을 이용하는 동안 보호자는 가족지원센터 프로그램을 편리하게 이용할 수 있도록 하였다.

전국 최초의 발달장애청소년 축구단 〈FC 드림플러스〉가 창단되었다. 창단식에 참여했는데, 전 국가대표 골키퍼 출신 대한축구협회 김병지 부회장이 이 축구단의 홍보대사로 위촉되었다. 발달장애청소년들이 FC 드림플러스를 통해 건강하고 활기차게 성장할 수 있도록 축구단을 창설하고 운영하는 '꿈더하기지원센터'에 대한 지원 또한 아끼지 않을 것이다.

영등포구 청사를 찾는 구민들이 일상 속 공간에서 문화와 예술을 향유할 수 있도록 구청 본관 3층에 갤러리를 조성해 작품을

FC드림플러스 창단식

전시해 왔다. 2021년 상반기에는 의미 깊은 전시가 있었다. 장애인 작가들과 청년 작가들이 새해를 맞이해 '일상이 예술이 되다'를 주제로 갤러리를 꾸몄다.

발달장애 작가님 다섯 분과 같이 전시작품을 관람하고 작품에 담긴 의미를 함께 나눴는데 멀리서도 눈길을 끄는 컬러풀한 색감의 작품, 동물을 소재로 한 작품, 추상적인 채색이 특징인 작품 등 작가 한 분, 한 분의 개성과 매력을 느낄 수 있었다.

상상력과 창의력, 감수성이 돋보인 작품들을 감상하며 따스하고 마음이 풍요로워졌다. 장애인과 비장애인이 예술을 바탕으로 소통하고 더불어 행복한 삶을 누리는 '통합 문화도시 영등포'를 꿈꿔 본다.

장애인 모두가 지역사회 구성원으로 자립하고 행복한 삶을 누릴 수 있도록 지원에 최선을 아끼지 않으려고 한다. 돌봄, 교육, 문화, 체육, 여가활동을 위한 복지를 확충하여 장애인들이 전 생애에 걸쳐 차별 없는 권리를 누릴 수 있도록 각별히 신경 쓸 것이다.

앞으로 보다 꼼꼼하게 살펴서 장애가 또 다른 장애가 되지 않도록 일자리와 생계, 일상 속 편의와 소통까지 지원하는 무장애 도시, 함께 사는 영등포를 만들어 가야 한다.

여성친화도시

영등포구는 2017년 여성가족부로부터 여성친화도시로 신규 지정되었고, 2021년도에는 5개 분야 총 45개의 세부사업을 추진하였다. 2022년까지 5년간 '다함께 만들고 다같이 행복한 여성친화도시 영등포' 조성을 위한 다양한 사업을 차근차근 단계적으로 밟아나가고 있다.

특히 여성 안전 분야에 각별한 관심을 기울이고 다양한 사업을 추진했다. 여성을 대상으로 한 사회적 범죄가 지속적으로 발생하고 있고, 이혼·별거·미혼부모의 발생 증가에 따라 한부모 가정의 수도 날로 늘어나고 있다. 여성 1인가구를 타깃으로 한 주거침입, 스토킹 등의 범죄가 근절되지 않고 있어 사회적 안전망 구축 또한 시급한 실정이다.

최근에는 〈안심홈 10종 세트〉 사업을 진행했다. 상대적 안전취약계층인 여성 1인가구와 법정 모자가정에 안전 보조장치를 지원해 범죄로부터의 불안을 해소하고 안전한 여성친화도시 조성에 이바지할 것이다.

여성과 청소년의 심야시간 안전 귀가를 돕는 〈안심귀가 스카우트〉, 〈안심귀갓길〉 운영, 위기상황 시 신속 대피를 위한 〈안심지킴이집〉 지정, 택배기사와의 대면 없이 물품을 찾아갈 수 있는

여성단체연합협의회

〈여성안심택배함〉, 〈불법 촬영 시민감시단〉 운영 등 여성의 안전을 보장하기 위한 다양한 사업도 시행하고 있다.

서울시 자치구 중 최초로 문을 연 〈여성소통문화공간 HEY YDP〉는 지역에 거주하는 여성이라면 누구나 무료로 이용할 수 있다. 소통과 문화, 휴식과 돌봄이 한 곳에서 모두 가능한 허브공간이다. 스카이라운지와 프라이빗룸이 있는 '커뮤니티공간', 강의실과 라이프스타일북스를 통해 지식을 채우고 책을 읽는 '채움공간', 키즈라운지와 수유실, 파우더룸을 갖춘 '돌봄공간'을 갖추고 있다. 육아와 일상에 지친 여성들이 온전히 나를 위한 시간을 보내고, 삶이 더 풍요로워지도록 편안한 멈춤과 재충전의 시간을 누릴 수 있는 공간이 될 것이다.

여성 복지의 또 하나의 축은 보육과 가정 돌봄에 대한 국가적 사회적 지원이다. 출산과 양육은 개인이 아닌 국가와 사회가 함께 짊어져야 할 부분이다. 그래서 민선7기 〈국·공립 어린이집 확충〉을 약속했다. 2018년 7월부터 2021년 12월까지 21개소를 추가 개원하여 현재 총 234개소 어린이집 중 81개소를 확충하였고, 국·공립 어린이집 이용률이 42%에 이르렀다.

출산, 아이와의 첫 만남. 소중한 순간이 행복하게 기억되고 그

과정이 즐거울 수 있도록 우리 영등포구민이 된 소중한 인연에 감사하고 가정의 행복을 축하드리는 프로젝트를 시행했다. 〈첫만남 이용권〉은 생애 초기 아동 양육에 따른 경제적 부담을 줄여주기 위한 지원금이다. 2022년 출생아부터 200만 원의 바우처를 지급한다. 소중하지만 여러모로 힘들 수밖에 없는 양육 기간, 조금이라도 가정에 보탬이 되고 그 시간이 더 아름답게 기억되도록 하고 싶다.

앞으로 더욱 양질의 보육 환경을 만들고 출산율을 높이기 위한 행정적 지원에 힘써, 아이와 부모 모두가 행복한 출산친화도시 영등포를 만들어 갈 것이다.

육아에서 어떠한 지원이 필요한지를 물었더니, 서로의 경험을 공유하고 소통할 수 있는 공간이 있었으면 좋겠다는 답변이 많았다.

'소통과 공감의 돌봄 공간을 만들자. 가정육아의 한계를 넘어 사회적 공동육아로 개념을 확장하자.'

상호 교류를 통해 육아의 질을 높일 수 있는 가족커뮤니티 공간을 확충했다. 엄마들이 모여 서로가 도움이 되는 커뮤니티를 제공함으로써 육아를 지원하는 발상의 전환이다. 엄마가 행복해야 아이가 행복하다.

〈맘든든센터〉는 부모는 마음 든든하게, 아이들은 마음 편하게 이용할 수 있는 영·유아 돌봄 공간이다. 실내놀이시설, 부모커뮤니티 공간, 수유실 등 부모와 아이가 함께 쉬고 놀 수 있는 안심 공간을 만들고, 아이들이 또래와 어울리는 동안 부모들이 육아 경험과 정보를 공유할 수 있도록 소모임과 다양한 부모교육 프로그램 등을 운영하고 있다. 현재 6개소에서 향후 권역별로 확충해 나갈 것이다.

〈탁트인 맘스가든〉은 보다 더 부모 중심이다. 만 5세 이하 영·유아 자녀 가정을 위한 복합놀이공간으로, 여성문화공간, 프로그램실, 식물정원, 어린이도서관 등 다채롭게 꾸며져 있다. 전국 지자체 중 최초의 세계장난감도서관은 이곳의 가장 큰 자랑이다. 세계의 다양한 장난감을 접하며 아이들이 꿈과 창의력을 키워갈 것이다. 육아를 시작하는 부모들과 영·유아 자녀들이 마음 놓고 돌봄과 놀이를 경험할 수 있도록 한 맞춤공간이다.

학교밖 돌봄을 위한 공간들도 확충해 가고 있다. 초등학생 아이를 둔 맞벌이 부부가 고충을 호소하셨다. 방과 후 학원을 보내지 않으면 아이를 믿고 맡길 곳이 없다는 것이다. 동네 근처에 〈아이랜드〉가 있으니 이용해 보시라고 말씀드렸다.

맘스가든

아이랜드 학부모 간담회

아이랜드는 방과 후 초등 돌봄 공간이다. 맞벌이 부부의 돌봄 사각지대 해소를 위해 만들어졌다. 돌봄이 필요한 초등학생이면 누구나 이용 가능하고, 종일 돌봄뿐만 아니라 시간제, 긴급 등 틈새 돌봄도 가능하다. 학습 위주가 아닌 창의적이고 놀면서 배우는 프로그램을 운영하여 아이들이 또래 친구들과 어울리며 사회성도 키울 수 있다.

최근 코로나로 인해 온라인 개학이나 부분 등교가 갑작스럽게 이뤄질 경우가 많았다. 이런 돌봄공백이 생겼을 때 안심하고 맡길 수 있어 감사했다는 학부모님 말씀에 절로 행복했다.

청소년자율문화공동체

청소년들은 놀고 싶은데 놀 수 있는 곳이 없다고 했다. 안전하게 놀 수 있는 청소년 전용 문화놀이터를 만들어야겠다고 마음먹었다.

북카페, 오락실, 소극장, 휴게실 등의 공간을 갖춘 〈청소년자율문화공간〉을 만들었다. 타운홀미팅에서 청소년들은 우리들만의 휴식공간과 쉼터를 스스로 만들고 싶다고 했다. 자율적으로 이름 짓고 운영에 참여하도록 했다.

1호점인 〈라라랜드〉를 시작으로, 2호점 〈언더랜드〉, 3호점 〈선유다락〉, 4호점 〈문래, 날다〉, 5호점 〈대림플레이〉가 이렇게 만들어졌다. 기획부터 운영까지 청소년이 주도적으로 스스로 꾸며 가고 있는 이 공간은 '2019 정부혁신 100대 사례'에 선정되기도 했다.

청소년들이 이 공간에서 두려움 없이 꿈꾸는 것에 도전하고 자유롭게 성장하길 바란다. 주체적이고 자존감을 지닌 책임감 있는 진정한 어른으로 성장하길 바란다.

지역 청소년들의 주체성과 창의성을 키우기 위한 '자몽夢프로젝트'와 '유·자·청' 등, 이색적 네이밍이 돋보이는 청소년 활동을 꾸준히 지원하고 있다.

청소년자율문화공간

'자유롭게 꿈꿔라!'

〈자몽夢프로젝트〉의 '자몽'은 그런 뜻이다. 바로 청소년들의 동아리 활동을 지원하는 사업이다. 청소년들이 동아리 기획·운영 및 예산 집행까지 전 과정을 주도하며 꿈꾸던 아이디어를 실현할 수 있도록 각 동아리에 100만 원에서 200만 원까지 활동비를 지원한다.

동아리 주제는 문화·예술·사회참여 등을 비롯한 자유 주제 또는 영상·미디어·목공 등 특수 장비와 도구를 필요로 하는 특화 동아리 중 선택할 수 있다. 지역 내 초등학교 5학년 이상 재학생이나 구에 거주하는 12~19세 청소년 3명 이상으로 구성된 동아리면 신청 가능하다. 또한 '자몽^夢프로젝트'를 도울 대학생 멘토 '자몽^夢지원단'을 선발, 이들을 각 동아리에 배치해 동아리 예산 사용을 비롯한 활동 전반을 지원하도록 하고 있다.

〈유·자·청〉은 '유별나고 자유로운 청소년 자치연합'의 줄임말로, 올해 6기 신규 회원을 모집한다. 회원들은 공부팀, 재능팀, 지구팀 등 3개 팀에 각각 소속돼 활동할 예정이다. 영등포구에 거주하는 14세 이상 청소년이면 누구나 참여 가능하다.

'자몽^夢프로젝트'와 '유·자·청'은 청소년들에게 주체적으로 행동하는 다양한 경험을 제공함으로써 재능을 키우고 가능성을 탐색하는 길잡이가 될 것으로 기대한다. 영등포 청소년들이 꿈의 날개를 활짝 펼 수 있도록 지원을 아끼지 않겠다.

청소년과 가족이 함께 즐기는 청소년 축제 〈별별유희〉를 2018년 10월에 이어 매년 개최하고 있다. 2019년에는 "청소년 우리들의 소리"라는 주제로 가수처럼 노래를 부르고 녹음해 보는 체험

을 할 수 있는 음악 미디어 놀이터, 영등포구 아동참여위원회가 운영하는 인생사진관, 이색 스포츠 드론축구, 오감 만족 VR 체험 등 청소년들의 흥미를 유발하는 다양한 체험부스를 운영하였다. 축제의 하이라이트 '청소년 가요·댄스 페스타'에는 노래, 랩, 아카펠라, 댄스 등 다양한 음악적 재능을 가진 청소년 14팀이 그동안 준비한 다양한 장기를 선보였다. 약 3천여 명의 사람들 모두 흥겨운 축제를 즐기며 소통·화합하는 시간을 가졌다.

2020년에는 청소년 상상마당 '별별유희'를 주제로 3주간 온택트 페스티벌로 진행하여 개막식 및 축하공연, 온라인 카트라이더, 방구석 몸풀기, 온라인 아바타 요리대회, 마술쇼&체험 등 10여 개 프로그램을 유튜브로 송출하여 온라인으로 참여할 수 있도록 하였다.

청소년 자녀를 둔 12가족(38명)을 초청하여 MBTI 검사 및 해석, 가족 젠가 게임 등을 통해 서로의 심리를 알아가는 〈우리가족 심리여행 I(나) 알고, 아이(자녀) 알고〉를 진행하였다.

앞으로도 청소년 문화·예술 활동을 지원하여 청소년들이 재능을 발산하고 스트레스를 해소할 기회를 주기 위해 다양한 프로그램의 청소년 축제를 개최할 예정이다.

유니세프 아동친화도시 인증

아동의 권리가 존중받는 영등포, 아동이 행복하고 안전하게 성장할 수 있는 영등포를 조성하기 위한 종합적이고 체계적인 정책을 만들기 위해 아동친화도시 조성 사업을 추진하고 있다.

아동이 자유롭게 놀면서 건강하게 성장할 수 있도록 〈아동의 놀 권리 증진 및 건전한 놀이문화 조성을 위한 조례〉를 2020년 5월 28일 제정하여 제도적 기반을 마련하였다. 아동 요구에 기반한 다양한 놀이 경험 제공을 위해 아동참여위원이 제안한 '우리가 만드는 어린이 팝업놀이터' 사업이 영등포구 주민참여예산 사업으로 선정되어 2021년 아동친화예산으로 편성되어 추진되기도 했다.

아동참여 활성화를 위한 정책제안대회 〈탁트인 아동 talk talk〉를 개최하였다. 아동·청소년이 영등포구에 살면서 느꼈던 불편·개선사항을 주제로 18팀 47명이 2020년 8~10월까지 다양한 사회적 문제들을 스스로 고민해보고 정책을 제안하는 자리였다. 아동 스스로의 의견을 구정에 반영하는 기회와 경험을 제공함으로써 아동이 민주시민으로 성장하고 아동의 기본권리가 보장되는 아동친화도시 조성에 한 발짝 다가서는 주체적 활동으로 평가된다.

유니세프 아동친화도시 인증

아동친화도시의 체계적 조성을 위해 아동친화도시 조성 전략 수립 연구 용역을 진행하였고, 연구 결과를 기반으로 아동친화적 환경분석, 아동 요구를 담은 아동친화도시 조성 목표 및 청사진을 담은 〈영등포구 아동친화도시 4개년 계획〉을 수립하였다. 4개년 추진계획에 따른 중점과제 이행을 통해 아동의 요구에 기반을 둔 영등포형 아동친화 정책을 추진할 로드맵을 마련하였다.

2021년 한 해를 마무리하며 〈유니세프 아동친화도시 인증〉이라는 귀한 선물을 받았다. 2018년 조례 개정을 시작으로 3년여를 영등포 아동의 꿈과 권리 실현을 위해 모두가 한마음으로 노력해 온 덕분이다. 그간 차근차근 준비해 준 직원들과 적극적으로 참여해 주신 주민들께 진심으로 감사드린다.

미래의 주역인 아동들이 권리를 존중받으며 보다 나은 삶을 누릴 수 있도록 우리 영등포구 지역사회 모두가 꾸준히 노력할 것이다.

'한 아이를 키우기 위해서는 온 마을이 나서야 한다.'

너무도 유명한 이 말처럼 아이들이 존중받고 건강하게 성장하도록 가정이, 마을이, 영등포구가 든든하게 뒷받침해 줄 것이다.

영등포형 촘촘한 복지

우리 영등포구에는 우체통과 별개의 '빨간 우체통'이 있다. 주변 이웃들을 살피고 어려운 이웃을 도울 수 있는 복지 사각지대에 있는 주민들을 위한 〈빨간 우체통〉이다. 언제든 힘들면 편지로 도움을 청할 수 있고, 주변 어려운 이웃에 대한 도움도 알릴 수 있다.

주변에 어려운 구민이 계시면 먼저 다가가 적극적으로 도움을 드리고 지원 정책이나 이용 방법 등을 알려드리고 싶었다. 주민 모두 한마음일 게다. 하지만 혹여 부담스럽거나 꺼려하실까, 행여 도움의 취지나 손길을 오인하실까 늘 조심스럽다. 그래서 구민 모두의 배려와 마음을 담아 '빨간 우체통'이 그 역할을 대신하고 있다. 이처럼 복지 사각지대를 찾아 도움을 드리고자 적극 노력하고 있다.

인구 고령화와 1인 가구의 증가로 가족 내 돌봄 기능이 약화돼 돌봄 복지 수요가 많아지고 그 형태 또한 다양해졌다. 이에 최적의 도움을 드리고자 〈돌봄SOS센터〉를 운영하고 있다.

긴급하고 일시적인 돌봄이 필요한 모든 구민에게 돌봄 매니저가 개인별 돌봄 계획을 수립해 맞춤형 8대 돌봄 서비스를 신속하게 제공한다. 식사나 필수적인 외출과 같은 실생활에 필요한 활동

살구초인종 발대식

에서부터 안부 확인, 건강 상담 등의 정서적 지원까지 구가 앞장서
챙겨가고 있다.

　돌봄 사각지대 예방을 위한 복지 서비스 또한 강화하고 있다.
2019년 11월, 한국야쿠르트, 동 지역사회보장협의체와 업무협약을
체결하고 위기 가구를 살피는 새로운 사업을 시작했다. '살리고 구
한다'는 의미의 〈살구초인종〉 사업. 한국야쿠르트 소속 배달원이 독
거 어르신 등 저소득 위기 취약계층 600가구에 주 3회 이상 건강
음료를 배달하며 안부를 묻고 건강을 확인한다. 고독과 생활고를

빨간우체통

겪고 있는 저소득 위기 취약계층을 지원하고 있다.

코로나19 장기화는 저소득 취약계층에게는 더 큰 위기로 다가 왔다. 대면이 쉽지 않아, 복지 사각지대가 발생할 수 있었다. 더 세 심한 복지행정이 필요했다. IT 기반의 기술을 활용해, 디지털 복지 안전망을 강화했다.

2021년 1월부터 관내 저소득 독거어르신 300분에게 AI 스피커 를 활용한 복지서비스를 시작했다. 실내낙상, 갑작스러운 탈진 등 위급 상황이 생겼을 때, 어르신이 목소리로 도움을 요청하면 낮에

는 케어 매니저가, 밤에는 ADT 캡스가 출동해 긴급구조에 나선다. 또한 일상에서도 기상예보와 라디오 청취를 제공하고, 복약지도와 마음체조, 기억검사 같은 인지능력 강화프로그램을 제공한다. 1:1 감성대화, 심리상담까지 연결할 수 있어서 우울증도 예방할 수 있다. 이와 함께, 스마트플러그를 활용해 전력량과 조도 변화 추이를 실시간 모니터링해 안전을 확인하여 사전에 예방할 수 있는 '비대면 고독사 예방 스마트플러그 서비스'도 시행하고 있다.

살다 보면 뜻하지 않게 다양한 사건·사고들을 겪게 된다. 본인의 노력이나 의지만으로 해결할 수 없는 일들도 종종 발생한다. 사실 누군가에게 손을 내밀거나 주변에 도움을 청하기 쉽지 않다.

나는 늘 다짐한다.

'손 내밀면 언제든 보듬을 수 있는 따스한 손이 되자. 늘 구민의 편에서 그들의 벗이 되자.'

사회 구성원으로서 재기할 수 있는 발판과 최소한의 버팀목을 마련해 주는 것 또한 행정의 영역이다. 그리고 주민 가장 가까운 곳에서 세심한 부분까지 살피고 돌보고 챙기는 것이 지자체의 역할이자 의무이다. 이러한 생각으로 우리 구 복지행정을 만들어 왔다.

민선7기 영등포형 복지는 '생애주기별 맞춤형 복지 안전망'을 보다 두텁게 만들어 가고 있다. 그리고 이와 더불어 사회적 약자를 배려하며 구민 중 어느 누구도 소외받지 않도록 복지 사각지대 발굴과 예방을 위한 지원 역시, 챙겨 나가고 있다.

'생애주기별 맞춤형 복지 안전망'으로 구민 누구나 다 함께 누리는 보편적 복지를 실현하고, 공백 없는 촘촘한 복지 행정으로 복지 사각지대 없는 '영등포형 복지'를 구현해 갈 것이다. 사회적 약자를 최우선으로 배려하고 구민 한 사람도 소외받지 않도록 챙겨, 두터운 복지 체계를 만들어 갈 것이다.

더불어 잘사는 복지도시 영등포. '더불어'의 힘을 믿는다.

영등포 르네상스

영등포는 멀리는 조선시대부터 삼남의 수운선과 상선이 모여 드는 상업의 중심지였고, 지리적 여건이 좋아 우리나라 역사상 최 초의 철도가 다니는 교통의 요충지였다. 사통팔달과 풍부한 수량 을 갖춘 입지 덕분에 피혁과 방직공장이 들어서며 근대 산업을 탄 생시키며 한강의 기적을 이끈 곳이다. 맥주회사, 제분회사를 비롯 한 경공업과 문래동 일대를 중심으로 금속·기계공업이 융성했던 곳이다.

뿐만 아니다. 국회가 자리한 정치의 중심지이자 방송사와 언론 사, 금융사와 여러 대기업이 밀집한 경제와 금융의 중심지로 거듭나며 20세기 서울에서 가장 역동적인 도시가 바로 영등포였다. 젊은이들은 꿈을 품고 너도나도 영등포로 모여들었다.

그런 영등포가 다시 달리고 있다. 도시가 새롭게 탁 트이고, 문화와 예술이 꽃피기 시작했다. 지금까지의 노력이 조만간 결실을 맺게 되면 영등포구는 바야흐로 제2의 전성기를 맞이할 것이다. 나는 확신한다. 영등포를 다시금 르네상스로 이끌 힘은 이미 영등포 안에 있다.

영등포 스마트메디컬특구 활성화

의료관광 산업은 고부가가치 차세대 성장 동력 산업이다. 우리 영등포구는 인천·김포공항과 인접하여 다른 자치구에 비해 국제적 접근성이 우수하고, 서울시 전역으로 지하철(1,2,5,7,9호선)이 연결된 서남권 교통요충지이다.

게다가 대단위 쇼핑시설 등 관광자원이 풍부하여 외국인 환자 유치를 위한 유리한 여건을 가지고 있다. 또한 서울시 자치구 중 종합병원수 1위이며 화상·뇌질환·관절·안과 분야에 특화된 고품질 의료서비스를 보유하고 있어 의료관광 산업의 발전 잠재력이 높다. 영등포는 그야말로 특화된 의료관광 인프라를 활용하여 경쟁력 있는 미래 신新산업을 육성하는 데 최적화된 도시다.

민선7기는 건강검진, 뇌질환, 관절, 안과 등 관내 의료기관들의 특화된 전문 의료서비스와 쇼핑, 문화, 숙박 등의 관광자원을 연계하여 영등포를 글로벌 의료관광 허브로 육성하고, 나아가 일자리 창출 등 지역경제 활성화를 도모하였다.

2018년 9월, 관내 10개 병원과 업무협약을 체결하고, 각계각층을 대표하는 전문가와 〈의료관광협의회〉를 구성하여 민·관 협력의 사업추진 발판을 마련하였다.

몽골 보건부와 의료관광 업무협약 체결

2019년 5월에는 의료관광 안내센터와 스마트메디컬특구 홈페이지를 제작하여 외국 관광객 대상의 통역·진료·숙박·관광 등 원스톱 토탈 서비스를 제공하고 있다.

국가공인자격증인 의료관광 코디네이터, 의료 관광마케터 등 전문인력을 양성하여 관련 분야 직종으로 취업을 연계하고, 핵심 역량을 갖출 수 있도록 지원하고 있다.

2019년 2월, 중국 상해시 황포구와 의료분야 우호협력을 체결하고, 5월에는 지방자치단체 처음으로 〈몽골 보건부와 의료관광 활성화를 위한 업무협약〉을 체결했다. 또한, 연계상품 개발, 다국어 SNS 채널 운영, SNS 서포터즈, 외국인 홍보대사 운영 등 온·오프라인 마케팅을 적극 펼치고 있다.

2020년 11월에는 〈국제 의료관광 포럼〉을 온·오프 하이브리드 방식으로 개최하여 코로나 이후 영등포 의료관광 발전 전략을 해외 전문가·유관기관, 의료기관과 함께 모색하는 뜻깊은 시간을 가지기도 했다.

영등포의 의료 인프라에 주목하고 의료특구를 유치하여 지역의 발전전략으로 삼게 된 것은 김영주 국회의원님의 역할이 결정적이었다고 해도 과언이 아니다. 특히 구청과 함께 몸소 몽골을 방문하여 의료관광 협력을 강화하는 일에 혼신의 힘을 기울이셨던 모습은 오래토록 잊지 못할 것이다.

2020년 10월 〈영등포구 스마트메디컬특구〉가 '중소벤처기업부 주관 2020 지역특구 운영성과 평가'에서 의료관광 매출 증대와 양질의 서비스 제공 등 노력을 인정받아 전국 190개 지역특구 중 서울시 자치구 중에서 유일하게 국무총리상 수상의 쾌거를 이뤘다. 이번 수상은 글로벌 의료관광 허브도시로의 영등포 입지가 더욱 공고히 되는 계기가 될 것이다.

　　영등포구는 지역 내 풍부한 의료자원과 다양한 관광인프라를 갖추고 있다. 이를 기반으로 원스톱 의료관광 서비스 제공이 가능한 안내센터 조성, 다국어 홈페이지 구축, 지역축제와 연계한 특구 홍보부스 운영, 지자체 최초 몽골 보건부와의 양해각서 체결 등 의료관광 활성화와 역량 강화에 힘써왔다. 영등포 여성인력개발센터와의 협업으로 의료관광 전문인력 양성과정을 운영해 취업으로까지 연계한 점도 평가위원들로부터 호평을 받았다. 이번 수상은 영등포 스마트메디컬특구에 깊은 관심과 응원을 보내주신 구민과 관련 의료기관과의 지속적인 협업으로 이룬 뜻깊은 성과다. 영등포는 국제 의료관광 허브 도시로 도약하고 있다.

여의도 국제금융특구 활성화

2021년 10월 지역구의 김민석 국회의원님과 '여의도 바이오·핀테크 허브시대'와 '23대 세종국회시대'의 개막을 선언하는 합동기자회견에 참석했다. 국가균형발전의 새 장을 열기 위해 영등포구·세종시의 국회의원님과 자치단체장님이 함께 뜻을 모아 이루어진 자리라 더욱 의미가 깊다.

세종 의사당으로의 단계적 국회 이전 후 여의도 의사당과 부지를 활용한 바이오·핀테크 허브 전환에 국민과 지역주민 여러분의 관심과 협력을 부탁드렸다. 국회 부지 내 바이오·핀테크랩과 컨벤션센터, 데이터센터 등 금융바이오허브 관련 기관이 집적된다면 글로벌 접근성과 금융 인프라를 갖춘 여의도는 명실상부한 국제금융 중심지로 도약할 수 있을 것이다.

여의도는 2009년 금융위원회의 종합금융중심지 지정과 함께, 서울시의 금융특정개발진흥지구로 지정되었다. 여의도 일대에 2030 서울플랜, 서울시정 4개년 계획, 2040 영등포 종합발전계획과 연계한 중·단기 금융개발 진흥계획을 추진하여 국제금융도시 영등포, 동북아 국제금융의 중심지로 도약하는 발판이 만들어지고 있다.

영등포구는 연구용역을 통하여 국제금융허브의 미래를 설계하는 〈여의도 금융개발진흥지구 진흥계획〉을 수립했다. 여의도가 가진 장단점을 냉철히 파악하고 선진 금융중심지의 사례를 연구해 우리가 나아가야 할 방향을 정부, 광역자치단체, 기초자치단체 및 민간금융영역으로 나눠 구체적인 실행방안을 마련했다.

2020년 7월, 동북아 금융허브로 금융중심지로서의 경쟁력 강화를 위한 〈여의도 국제금융컨퍼런스〉를 개최하였다. '포스트 코로나, 금융중심지 발전 및 차별화 전략'을 주제로 금융산업의 경쟁력 강화와 발전방안을 모색하는 한편, 글로벌 금융·핀테크 산업 동향과 전망을 공유하고 논의하였다.

2019년 10월 여의도에 개관한 '서울핀테크랩'이 2020년 11월 확대 개관했다. 연면적 1만 2000㎡, 6개 층으로 확대조성된 국내 최대 규모의 핀테크 스타트업 육성 공간이다.

약 100개 회사가 입주하여 기업별 성장단계에 맞춰 사업화, 마케팅, 기술개발 등 핀테크 전문 스타트업 인큐베이팅 지원 프로그램을 이용하고, 국·내외 금융사 및 글로벌 시장 진출을 위한 네트워크 구축을 지원받고 있다. 〈여의도 핀테크랩 확대 개관〉으로 젊은 스타트업 보금자리가 더욱 넓어질 전망이다.

'여의도 글로벌 뉴타운 10대 비전' 공동 발표

2020년 9월, 4차 산업혁명 시대의 금융 혁신을 주도해 나갈 실무현장형 전문가를 육성하기 위한 서울시의 〈디지털금융전문대학원〉이 여의도에 개원하였다. 디지털금융 MBA(학위)와 디지털 금융 전문가 과정(비학위)으로 구성되어 있어 여의도에 디지털 금융 교육·연구 허브를 구축하고, 핀테크 산업혁신을 선도하는 세계 최고 수준의 금융-IT 융합형 인재를 배출하는 데 기여할 것으로 기대된다.

2021년 2월, 여의도 파크원에 서울 최대 규모의 백화점과 세계적인 프랜차이즈호텔이 문을 열었다. 옛 MBC 부지에는 다양한 오피스텔과 쇼핑몰 등이 조성될 예정이다. 여의도가 영등포 경인로 일대 도시재생사업과의 시너지를 주고받으며 문화, 쇼핑, 금융, MICE 산업이 어우러진 국제 금융 중심지로 발전할 것으로 기대된다. 더불어 국제금융특구 여의도를 지나는 GTX-B 건설이 차질 없이 진행되도록 최선의 노력을 다해 글로벌 정치·경제·금융·교통의 허브로서 인프라를 조성하는 일에도 만전을 기하고자 한다.

우리 영등포구가 품고 있는 강점과 기회 요인을 보자.

영등포구는 고부가가치 산업의 중심지다. 금융업 2위를 비롯해 사업서비스업 3위, 도·소매업 4위, 부동산임대업 6위, 정보통신업 7위 등 서울에서 5대 부가가치 사업이 가장 활성화된 곳이다.

5개의 지하철망과 KTX, GTX 등을 품고 있는 교통의 요충지다. 한강과 샛강을 비롯 안양천과 도림천 등 수변축을 보유하고 있다. 높은 다문화 비율은 문화적 다양성과 인구성장의 잠재적 동력이다.

'2030 서울플랜'에서 영등포는 서울 3대 도심으로 지정되었다. 신길뉴타운, 영등포역과 경인로 일대 도시재개발, 여의도 재건축 등의 대규모 개발이 예정되고 추진 중인 곳이다. 국회 지방 이전에 따른 대규모 가용부지가 확보될 기회 요인도 있다.

위기와 약점에 비추어 보면 우리 영등포가 나아갈 방향은 녹지확충, 도시구조 재구축, 지역간 연결 등을 들 수 있겠다. 민선7기 4년차인 지금까지 구민의 눈높이에서 구민이 원하는 삶의 질 향상을 위해 탁트인 영등포라는 비전으로 민생현장 구석구석을 발로 뛰면서 쉼 없이 달려왔다. 교육·문화·주거·생활환경·건강·복지 등 구정 전 분야에서 괄목할 만한 변화와 구체적 성과들을 이루어냈고(공약이행평가 3년 연속 SA등급, 공약추진율 93%), 이는 구민의 체감으로 이어지고 있다.

무엇보다 청소, 주차, 보행환경의 기초행정을 탄탄히 하는 데 열과 성을 다했다. 이런 노력은 '영등포역 앞 노점정비', '쪽방촌 공공주택사업', '성매매집결지 정비'라는 3대 숙원 과제 해결로 그 빛을 발했다. 뒤이어 영등포전통시장 현대화, 영등포청과시장 보행환경개선 사업도 완료하여 영등포는 제2의 전성기를 준비 중이다.

걸어서 10분 거리 '1마을 1도서관', 아이 혼자서도 편안히 등교할 수 있게 하는 '안심통학로', 구민 누구나 경제적 어려움을 호소할 수 있는 '영원마켓', 안양천을 건강과 힐링의 메카로 재탄생시키고 있는 '안양천 종합체육벨트', 서울시 유일 '문화도시 지정' 등 소통과 협치를 통한 혁신행정으로 구민의 삶은 다채롭고 풍요로워지고 있다.

민선7기의 이런 성과를 바탕으로 서울 서남권 종가댁으로서의 도시 품격을 높이고 38만 구민과 함께 영등포 재도약, '영등포 르네상스 시대'를 열어갈 것이다. 도시를 탁 트이게 하는 것에서 시작해 성장동력을 이끌어 내고 영등포의 새로운 전성기, 재도약을 이루겠다는 구상을 나는 '영등포 르네상스'라고 표현하고 있다.

나는 종종 영등포 '제2의' 르네상스라고 말하곤 한다. 르네상스 Renaissance는 문예 부흥이라는 뜻인데, 이미 '또 다시'라는 의미가 내

포되어 있는 말이다. 어찌 보면 동어반복인 줄 알면서도 굳이 제2를 힘주어 얘기하는 데에는 그럴 만한 이유가 있다. 하나는 외국어에 익숙하지 않은 주민들이 새로운 성장과 부흥, '재'도약이라는 취지에 쉽게 다가설 수 있게 하기 위함이다. 다른 이유는 영등포는 이미 여러 번 부흥했던 자랑스러운 역사를 가지고 있기 때문이다.

2000년대 들어서며 잠시 주춤했을지 몰라도 우리 영등포는 대한민국 산업화 근대화의 중심으로서 번영한 도시였다. 반드시 예전과 같은 성장을 다시 일구어 서울 남부 종가로서 서울의 3대 도심

으로서 활력이 넘치는 매력적인 도시로 재탄생시키고 싶다.

영등포구의 인구 규모는 서울에서 15위지만 청년인구 비율은 4위다. 청년이 찾아오는 활력 있는 도시다. 전국 시·군·구 대상 국민행복지수 상위 20% 이내의 A그룹에 속하는 행복지수가 높은 도시이기도 하다.

영등포구는 어마어마한 역동성을 품은 곳이고 점점 더 활기차게 움직이고 있다. 구민들의 자긍심을 높이고, 서울 3대 도심의 위상을 갖춰 영등포 제2의 르네상스를 여는 첫 세대가 되어 보자!

구청장의 일

구민의 경사는 구청장의 기쁨이고,
애사는 구청장의 슬픔이다.
영등포의 모든 거리와 골목이 나의 일터다.
영등포의 모든 어르신과 부모와 아이는
내가 보살필 가족이다.
영등포에는 구청장의 일이
아닌 것이 없다.

1장

위기관리

영등포구청 민선7기는 취임식 없이 시작되었다. 2018년 7월 3일로 예정되었던 구청장 취임식을 나는 취소했다. 제7호 태풍 '쁘라삐룬'PRAPIROON이 북상하고 있었다. 폭우와 폭풍이 예상된다는 예보에 밤잠을 이루지 못하고 취임식 전격 취소라는 용단을 내려야만 했다.

밤새 태풍으로 인한 피해가 생기지 않을까 걱정하다 출근을 했고, 굵고 가는 비가 반복되며 그칠 기미가 보이지 않아 더욱 걱정이 되었다. 비가 오는 가운데 빗물펌프장을 시작으로 각종 시설물을 점검하고 공사현장을 집중적으로 살폈다. 내 마음을 알아주

기라도 하듯 어느새 비가 그치고 태풍의 경로가 바뀌면서 안도의 한숨을 내쉬었다.

민선7기를 취임식과 함께 시작하지 못한 아쉬움은 있으나 목전에 닥친 재난과 위험의 현장으로 달려간 것에 후회는 없다. 2019년 6월 문래동에 붉은 수돗물 유입 사태가 벌어졌을 때도 만사를 제쳐두고 곧장 달려갔다. 현장을 지휘하며 관련 부서 TF를 구성하고 상수도 지원반을 운영했다. 주민설명회를 열었고 주민과 관계기관의 협의체와 사고대책반을 꾸렸다. 실시간으로 수질검사 결과를 구민께 알렸으며, 유관기관을 독려해 해결방안을 모색했고, 노후수도관 교체를 통한 근본적 해결을 이끌어냈다.

2020년에는 10년만의 집중호우로 안양천 일대가 범람하여 침수되는 상황이 벌어졌다. 나는 폭우 소강상태가 확인되는 즉시 안양천 일대 대대적 정비를 결정해 체육시설과 산책로를 복구했다. 지역의 국회의원·시구의원 및 공무원과 주민단체 200여 명의 동참이 이루어졌다. 신속한 방향 결정과 복구로 안양천의 녹지를 보존하고 안전한 안양천 이용을 도모할 수 있었다.

무엇보다 구민의 생명과 안전을 우선하는 자세, 위기에 대한 발 빠른 대처는 코로나19라는 대재앙을 맞아 능동적으로 대응할 수 있는 예방주사였다. 코로나 팬데믹과 싸우고 있는 지금도 그때의 깨달음이 나를 흔들리지 않게 이끌고 있다.

구청장은 지역의 재난총괄본부장이다. 구민의 생명과 안전을 위한 일은 아무리 과해도 지나치지 않다.

선제적 창의적 방역

코로나는 결국 팬데믹이 되었다. 쉬이 가라앉을 거라는 기대는 빗나갔다. 사회적 거리두기가 시작되었고, 우리의 일상을 송두리째 바꿔놓았다.

코로나 발발 초기부터 엄중한 인식을 갖고 대처했다. 대부분의 지방자치단체와 달리 보건소장이 아니라 구청장이 직접 재난대책본부장을 맡았다. 서울시 자치구에선 처음이었다.

주 1회 이상 지금까지 260회가 넘는 대책회의를 주재했다. 위기의 징후를 직감했고, 전체 행정력의 결집과 조정이 절실했다. 과하리만큼 적극적인 대응이 이루어져야 한다고 판단했다.

코로나19 초기 확산 단계에서 산발적 집단감염이 발생하자 신속한 방역조치를 취했고, 다른 자치구보다 더 자세하고 투명하게 역학조사 결과를 공개하여 주민 불안을 해소하고자 노력했다.

상춘객 500만 인파가 예상되던 2020년 여의도 봄꽃축제를 전격 취소했다. 축제가 개최된 지 15년 만에 처음 있는 일이다. 고강도 〈봄꽃 거리두기〉 캠페인을 펼쳤고, 지하철과 버스를 무정차 통과시키고 24시간 상황실을 운영하였다. 구민과 서울시민의 안전만 생각했다. 시민들도 행정의 방역의지와 역량에 공감하고 신뢰해 주

코로나19 예방 봄꽃 거리두기에 동참해주셔서 감사합니다
여의도 봄꽃, 내년에 건강한 모습으로 만나요!
영등포구

여의도 봄꽃 거리두기

었다. 그러한 민관의 노력 덕분에 2021년 이듬해에는 방역과 축제 두 마리 토끼를 잡을 수 있었다.

여의도 전역에 강도 높은 거리두기를 실시함과 동시에 온오프라인을 병행해 축제를 개최했다. 제한된 인원이나마 구민들이 문화적 힐링의 시간을 가질 수 있었다. 비대면 연출도 한몫을 해 현장에 올 수 없는 많은 시민들이 함께할 수 있었다. 새로운 시도는 성공적이었고 코로나 팬데믹 시대 축제가 나아가야 할 새로운 방향과 패러다임을 제시했다는 평을 듣는다.

확진자가 발생한 국회, 홈쇼핑회사 본사, 타임스퀘어 및 대형쇼핑몰 등에 대해 전국 최초로 직장폐쇄라는 고강도 조치를 취하기도 했다. 서울 최대 백화점 더현대서울 개점 당일 15만 명의 인파가 몰렸고, 코로나 확산을 우려하는 언론 보도가 이어졌다. 백화점 측에 주말 차량 2부제, 매장 예약시스템, 실내공기 정화 등의 조치를 취했고, 구청 직원을 현장 배치하여 적극적으로 대응하여 감염 확산을 막아냈다. 이러한 우리의 노력은 위기에서 더욱 빛난 영등포 Y방역으로 좋은 평가를 받았다.

'선제적 총력대응'이라는 기조는 선별진료소와 예방접송센터 운영에 있어서도 빛을 발했다. 지역의 의료기관과 발 빠른 협업체계를 구축하여 서울시 최다 5개의 선별진료소를 조기에 운영하여 그물망식 진단검사를 할 수 있었다.

선제적이고 창의적인 방역행정은 예방접종에도 이어졌다. 예방접종센터 2개소를 만들었다. 중앙방역 지침상 인구 50만 명 미만이면 1개소만 설치하면 되지만, 백신 접종의 속도를 높이기 위해 1개소를 추가 설치했다. 행정은 주민편의를 우선해야 큰 효과를 볼 수 있다. 접종의 편의를 위해 〈찾아가는 접종 셔틀버스〉를 운영했다. 어르신, 장애인 등 거동이 불편한 분들의 접종율이 현격히 높아졌다.

영등포의 방역 행정은 국경과 지역의 경계를 넘어서기도 했다. 대림동을 비롯한 외국인 밀집 지역에서는 전국 최초로 검사와 접종을 한 번에 할 수 있는 〈원스톱접종센터〉를 가동했다. 시민의 생명과 안전이라는 대의를 위해 불법체류 여부를 묻지 않았고, 이로써 영등포구뿐만 아니라 인근 여러 자치구 외국인들의 예방접종 참여를 이끌어 냈다.

고강도 선제대응뿐만 아니라 대응체계를 더욱 효율적으로 하여 적재적소 창의적 대응이 가능하게 하였다. 진단검사의 속도와 주민 편의를 위해 앙카라공원, 중마루공원, 영문초에 워킹스루 방식의 선별진료소를 운영했다. 찾아가는 검사를 통해 사전 전수검사를 시행하여 집단감염의 우려가 높은 지역에 대해서는 특별관리

신규 확진 2,248명
9일째 2천 명 이상 발생

YTN

채현일 영등포구청장
외국인 밀집 지역에 코로나19 검사와 백신 접종을
원스톱으로 편리하게 이용할 수 있도록 했습니다.

타임스퀘어 방역 현장 점검(김부겸 국무총리)

했다.

통제 위주의 방역만이 능사는 아니었다. 코로나가 장기화되면서 주민의 피로도가 높아져 갔고 우울 문제가 사회적 문제로 대두되었다. 코로나 블루를 이기는 〈마음백신〉 프로젝트를 추진하여 구민의 심리적 안정과 위로를 도모하고자 했다.

코로나 감염 후 퇴원한 구민을 대상으로 심리 지원, 의료 지원, 일자리 지원, 격려물품 지원 등 정신건강토탈케어 프로그램을 제공하는 〈심리키트〉 프로젝트를 시행했다. 이를 통해 치료기간 느꼈던 불안, 우울을 상담하여 심리적 안정과 자존감 고취에 도움을 드렸다.

또한 음악과 명상, 샛강숲체험 등의 〈힐링캠프〉도 운영했다. 권역을 나누어 진행한 〈우리동네 음악회〉는 공동주택 주민들의 큰 호응을 받았다. 무대차량을 이용해 아파트 단지 내에서 관현악 연주가 펼쳐졌는데, 코로나로 인한 주민의 문화 갈증을 해소하는 데 한몫을 했다.

돌이켜보면 영등포구는 방역에 있어서 '최초, 최다, 고강도'라는 수식어가 따라 다녔다. 앞서 얘기한 확진시설 직장폐쇄 권고, 확산 초기 서울시 최다 5개의 선별진료소 운영, 워킹스루 검사 시스템이 그러했다. 경증 환자 치료소인 생활치료센터 또한 서울시 자치구 중에서 가장 발 빠르게 준비하고 설치 가동했다. 중앙 방역

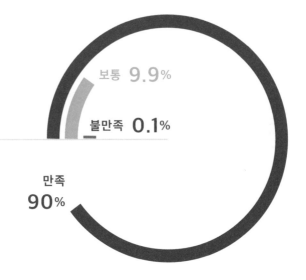

보통 **9.9**%

불만족 **0.1**%

만족
90%

지침보다 확대해서 접종센터를 운영한 것 또한 그러하다.

구민의 생명과 안전을 돌보는 일에 과한 행정이란 없다. 지금까지도 계속되고 있지만 코로나 팬데믹에 맞서 우리는 총성 없는 전쟁, 그야말로 총력전투를 벌였다. 영등포구는 86.4%(2021년 11월초 기준)의 백신 접종률로 서울시 최상위권이다. 집단면역으로 일상회복의 주춧돌을 놓겠다는 우리의 접종행정의 노력이 결과로 나타났다.

2021년 구민 인식도 조사에서 코로나 대응에 대한 주민만족도는 90%를 상회했다. "세금이 아깝지 않다."던 주민분의 한마디가 내겐 가장 큰 보람이다. 어려운 시기를 함께 헤쳐가고 있는 구민, 의료진 그리고 공직자분들께 책을 빌려 감사한 마음을 전한다.

경제와 돌봄

위기는 어려운 이들에게는 더 큰 고난으로 들이닥치는 법이다. 코로나19가 장기화되면서 서민경제가 큰 어려움에 처했다. 수많은 중소상공인들이 폐업의 길로 내몰렸고, 시장과 골목의 상권이 침체에 빠져들었다. 이런 규모의 경제적 위기는 지방정부, 특히 기초자치단체 차원에서 쉬이 극복할 수 있는 정도를 넘어선다는 것을 알지만, 자치구 차원에서 할 수 있는 최대한을 해보자고 마음먹었다.

직원들에게 도시락 이용을 독려해 구청 주변 식당들의 매출 급락으로 인한 어려움 극복에 동참했다. 지금도 생활치료센터와 각종 방역시설에는 관내 식당들의 도시락을 납품하게 하여 지역 식당들의 고충을 조금이나마 덜어드리려 애쓰고 있다.

〈영시장〉이라는 브랜드를 만들어 시장 상품을 고객들과 비대면으로 연결했고 공공이 앞장서 공동구매를 했다. 지금도 이어지고 있는 이 사업은 코로나 시대 맞춤형 전통시장 활성화 정책으로 현장의 큰 호응을 얻고 있다.

자금난에 시달리는 중소상공인들에게 무이자융자를 지원했고, 거리두기에 동참한 민간 다중이용 시설과 업소에 휴업보상을 했다.

각종 전시와 공연이 중단되어 경제적 어려움에 직면한 지역 문화예술인과 단체에 창작 및 운용지원금을 지원하는 사업도 펼쳤다. 앞으로도 방역과 더불어 골목상권을 되살리고 침체된 지역경제에 숨통을 불어넣는 다각도의 정책과 사업에 더 큰 힘을 쏟을 것이다.

재난은 가난한 사람에게 깊은 상처를 남긴다. 경제 불황이 장기화되면서 실직, 폐업이 속출했고 '코로나 장발장' 같은 생계형 범죄마저 발생하고 있었다.

'돌파구가 없을까.'

기존의 푸드뱅크마켓은 긴급지원대상, 기초수급 탈락자, 차상위계층에 대한 조건부 지원이어서 한계가 있었다. 팬데믹 불황으로 인한 무차별적 곤궁 상황에 걸맞게 운용의 묘를 살려 보자.

〈영원(0원)마켓〉

생활이 어려운 구민 누구라도 생필품을 무상으로 이용할 수 있도록 했다. 행정이 판을 짜고 회사와 개인의 기부와 후원이 이어진 제대로 된 민관협업 복지모델이다. 쌀, 고추장과 된장, 라면 등 먹거리에서부터 마스크와 세정제 같은 생활방역용품, 화장시와 잡화, 의류 다양한 물품들이 오고갔다.

영원마켓을 방문한 정세균 국무총리

영원마켓은 2021년 1월 문을 연 이래 월 평균 매월 700여 명, 지금까지 약 5천 명이 넘는 사람이 다녀갔다. 2회 이상 방문자는 상담을 통해 사각지대에 있던 많은 분들이 복지대상자로 발굴되었다.

저녁 메인 뉴스 전파를 타는 등 예기치 않은 언론의 호평을 받았고, 정세균 국무총리께서 직접 현장을 방문해 "착한 행정을 현장에서 실천하는 모범사례"라며 극찬을 아끼지 않으셨다.

영원마켓은 애초 경기도에서 시작한 유사한 사업 모델이 있었는데 제대로 효과를 보지 못했던 것을 영등포에서 잘 준비해 성공시킨 사업이다. 언론보도를 통해 영원마켓에 대한 소식을 접한 당시 이재명 경기도지사께서 경기도보다 더 짜임새 있게 만들었고, 브랜딩도 더 좋다고 칭찬과 격려를 해주셨다.

나의 중요한 일상 중 하나가 국내외 지방정부 정책사례들을 벤치마킹하는 일이다. 우수 사례를 접하고 공부하는 데 나는 발품과 시간을 아끼지 않는다. 알아야 면장을 한다.

2장

소통과 협치

'한 명의 뛰어난 인재보다 백 명, 천 명의 평범한 구민의 아이디어가 세상을 바꿀 수 있다고 확신합니다. 구민과 함께 소통과 협치의 힘으로 많은 변화를 이뤄낼 것이며, 영등포의 변화와 도약을 체감할 수 있도록 최선을 다하겠습니다.'

_ 2018년 10월 <영등포신문고> 1호 공감청원 답변 중에서

나무는 자기 자신을 위해 그늘을 만들지 않는다.

구청장은 자신이 아니라 구민의 눈높이에서 구민을 위해 일을 할 뿐이다. 구민의 목소리를 속속들이 들어야 하고, 지역 곳곳의 문제를 직접 현장에서 캐내야 한다.

'탁트인 영등포'는 탁트인 현장과 탁트인 소통이 기반이다.

'현장에서 문제를 찾고 주민 속에서 해법을 모색하는 발품행
정, 소통행정', 그것보다 중요한 구청장의 일이 있겠는가.

걷는 구청장

나는 걷는 구청장이다. 걸으면 차로 다닐 때 보이지 않는 것들이 눈에 들어온다. 그렇게 열심히 걸어 다니면서 쓰레기도 줍고, 시설물을 점검하고, 방치된 땅을 찾아 주차공간을 만들었다. 영등포 골목골목 안 다닌 곳이 없다고 감히 자부한다. 그러면서 영등포 재도약의 밑그림을 그려나갔다.

'찾아가는 영등포1번가'
'찾아가는 탁트인 구청장실'
'구청장의 현장스케치'
'구석구석 동네탐방'
'영등포를 걷다'

나의 현장 행보에 붙여진 이름들이다. 공식적인 현장 프로그램 외에도 특별한 일이 없는 주말이면 관내 곳곳을 걸으며 주민을 만나고 현장을 살폈다.

내가 동장님들에게 자주 하는 말이 있다.
"동장님, 만 보 더 걸으십시오."
내가 직접 걸었기에 그런 말을 할 수 있었다.

　미용실, 방앗간, 식당, 카페, 빵집, 공인중개사사무소, 휴대폰매
장, 세탁소, 약국, 떡집, 정육점, 사진관, 양복점 등을 방문하며 주
민의 삶 속으로 파고들었다. 그 속에서 문제점과 해답을 찾아갔다.

　구민들께서는 힘겨운 일상에도 불구하고 웃음 가득 밝은 모습
으로 반겨주셨다. 동네의 이런저런 불편사항을 말씀해주셨다. 부족
한 주차공간, 보행로 위험적치물, 은행나무 열매악취 같은 이야기
를 들으면 직접 현장을 함께 찾아 관련대책을 주민들과 의논했다.

　　동네길목에 자리잡은 정자를 찾아 주민들과 담소를 나누면서
벽화사업으로 동네가 어떻게 바뀌었는지, 청소환경은 어떤지를 들
었다.

　　쾌적하고 살기 좋은 동네를 만들기 위한 다양한 이야기들을
경청했다. 코로나로 장사가 더 어려워졌다는 사장님의 하소연에 울
컥하기도 하며 죄송한 마음과 함께 골목상권을 어떻게 살릴까 고
민하게 된다.

내가 현장행보를 하게 되면 관련부서 공무원들은 볼멘소리를 하기도 한다. 현장에 동행하는 것도 힘든 일이지만 그 뒤가 더 힘든 일이어서 그렇다. 현장에서 수렴된 문제들에 대해서 해당 부서로 하여금 검토하고 보고하게 했다. 그리고 나면 진행상황과 처리 결과에 대해 반드시 검토회의를 가졌다. 구청장이 직접 챙기는 것과 그렇지 않은 것은 진행과 결과에 있어 천양지차가 난다는 것을 경험에서 알게 되었기 때문이다.

현장에서 의견을 주신 주민분들에 대한 고마움도 크지만 현안을 검토하고 해결하고 후속 조치까지 일일이 보고하게 되는 직원들에게 미안하고 감사한 마음 또한 크다. 민선7기 민생행정은 구민들의 목소리에 귀 기울이고 구민과 눈높이를 맞추는 것 그 이상 그 이하도 아니었다.

'현장에 답이 있다'는 말은 바로 구민의 요구와 생각 속에서 해결책을 찾으라는 의미다. 걷는 것과 함께 구민의 목소리를 경청했다. 시대의 변화에 걸맞는 소통 시스템을 구축하고 구민의 요구와 제안을 구정에 반영할 다양한 방법을 모색했다.

문재인정부에 '광화문1번가'가 있듯이 민선7기 영등포에는 〈영등포1번가〉가 있다. 선거공약이었고, 취임과 동시에 조속히 설치, 운영에 들어갔다.

영등포1번가의 대표적 소통플랫폼은 〈영등포신문고〉다. 구정 관련 주요 정책이나 사회적 현안과 이슈에 대한 발전적인 의견을 청원하는 창구다.

1부에서 언급했듯이 영중로 불법노점과 쪽방촌, 성매매집결지 정비를 통한 영등포역 주변 환경개선은 주민 청원과 제안에 힘입은 바 크다. 정확도가 떨어지는 미세먼지 측정소의 이전, 어르신복지시설로 예정되었던 신길뉴타운 내 기부채납지를 유치원 부지로 활용하게 된 것 등도 신문고의 주민 제안을 통해서 이루어졌다.

신문고에 청원과 제안이 게시되면 공감하는 기능을 탑재했다. 1천 명 이상의 주민이 공감을 하면 구청장이 직접 답변을 한다. 구청장의 답변을 영상으로 촬영해 홈페이지에 게시를 한다. 서울시 자치구에 하나밖에 없는 제도다.

그간 총 14건에 대해 나는 직접 답변을 했다. 구청장 직접 답변 또한 서울시 최다를 기록했다. 말이 14건이지 숱한 검토회의와 논의 결과에 대한 수정과 재수정 과정을 생각하면 쉬운 일은 아니었다.

영등포신문고는 지금까지 1,000건이 넘는 청원과 40,000회 가까운 공감 클릭을 기록하고 있다. 신문고의 주민 제안과 공감은 번거로운 민원이 아니라 내가 고마워해야 할 일이다. 주민의 직접 제안과 동의는 선출된 민선 구청장이 정책과 사업을 추진하는 가장 큰 응원이자 힘이기 때문이다.

서울시 최다청원 건수

서울시 최다 구청장 답변

영등포신문고 공감청원 1호 답변

찾아가는 영등포1번가

비대면 온라인 소통(스튜디오 틔움)

타운홀미팅

영등포1번가는 〈찾아가는 영등포1번가〉라는 형식으로 오프라인에서도 진행했다. 나는 현장에서 구민 한 분, 한 분의 생각이 구정의 훌륭한 밑거름이 된다는 것을 실감할 수 있었다. 지금까지 52회에 걸쳐 1,016명의 주민들이 참여해주셨고, 322건의 제안이 이뤄졌다. 설문을 했더니 참여자의 75%가 새롭고 자유로운 소통방식에 만족한다고 응답했다.

〈타운홀미팅〉은 현안에 대한 해결을 모색하는 직접 소통의 장이다. 구청장과의 단순한 대화 자리가 아니라 주제를 정하고 참여 대상을 선별해 현안에 대한 구체적인 실마리를 찾아내는 집중토론이다.

2018년 7월 첫 타운홀 미팅을 시작으로 총 45회 토론장을 열었고, 3,900여 명이 참여했다. 청소년·청년·학부모, 시장 상인, 외식업 종사자, 아파트 경비근로자 등 여러 계층과 다양한 분야의 개인과 단체를 만났다. 깊이 있는 소통이 이루어졌다.

코로나는 현장 직접 소통에 큰 장애를 불러왔다. 아무리 힘든 상황이어도 주민과의 소통은 멈출 수 없는 구청장의 일이다. 오히려 위기가 닥칠수록 구민과의 소통은 더욱 필요했다. 비대면 소통이 그 해결책이었고, 소통의 공간과 방법을 적극적으로 모색했다.

2020년 4월 구청 지하에 〈스튜디오 틔움〉을 개관하고, 나는 온라인 영상 소통을 이어갔다. 지금껏 70여 회, 600여 명과 스튜디오 간담회를 진행했다. 현장감은 다소 떨어져도 1:1 토론의 느낌이 나서 집중도 면에서 나은 점도 있었다.

스튜디오 틔움은 전국 지자체 최초로 200인치 대형LED 디스플레이 모니터를 설치해 토론회와 인문학 강좌 등이 가능한 공간이다. 정면뿐만 아니라 4면을 모두 활용 가능하도록 디자인하여 다양한 미디어 콘텐츠 제작이 편리하도록 설계했다. 보다 많은 구민들이 양질의 콘텐츠를 접할 수 있고, 원하는 구민 누구나 자신만의 미디어를 만들어 볼 수 있는 열린 스튜디오로 활용될 것이다.

영등포 100년 미래비전자문단

〈영등포 100년 미래비전자문단〉은 숙의민주주의 협치기구로서, 민선7기 주민참여와 협치의 상징이다. 구민 및 전문가의 숙의와 공론을 통해 영등포 백년대계를 향한 구정 5대 목표와 100대 실천과제를 선정하였다. 자문단은 민선7기 구정 비전 및 운영 방향을 만들고 초석을 다지는 데 중추적인 역할을 했다.

취임 직후인 2018년 7월 미래비전위원회로 출범해서 2019년 5월 운영규칙을 제정하고 미래비전자문단으로 재출범했다. 구정 주요 정책결정을 지원하는 자문기구로서의 성격을 더욱 분명히 하고 위상을 강화하였다. 6개의 분과위원회를 구성하여 구정 주요 정책과 현안에 대한 효율적이고 전문적인 자문이 가능했다.

매년 원탁토론회를 개최하여 지난 시기 구정 중요 정책을 진단하고 향후 정책 방향성을 논의했다. 그간의 구정 주요 성과를 공유하고 이후 운영방안에 대한 정책적 제안의 자리였다. 또한 영중로, 고가차도, 대선제분 등 현장을 직접 돌아보며 구체적이고 생동감 있는 자문활동이 이루어졌다.

〈영등포 열린공론장〉, 구정에 구민의 목소리를 담기 위해 150

미래비전자문단 성과공유회

영등포 열린공론장(구민의제발굴단)

여 명의 구민이 한자리에 모였다. 12개의 사업을 놓고 여러 원탁에서는 열띤 토론이 펼쳐졌다. 민과 관이 머리를 맞대고 내가 사는 지역의 정책을 의논하고 스스로 결정하는 민관거버넌스 회의. 열린공론장은 행정의 패러다임을 전문가 위주에서 주민 위주로 바꾸고 주민의 구정 참여를 실질적으로 보장해, 주민이 직접 정책의 결정-실행-평가의 전 과정에 참여할 수 있게 한다.

민선7기 1주년을 맞이해서는 〈찾아가는 영등포1번가 게릴라 거리투어〉를 진행했다. 당산역 첫 거리투어를 시작으로 장소와 시간을 정하지 않고 지하철역, 마트 등을 찾아가 구민을 만났다. 전문가, 구민, 직원 등 각계각층 2천여 명의 의견을 들을 수 있었던 소통과 협치의 시간이었다.

〈민생현안 집중토론회〉는 영등포 구정 역사상 처음인 대규모 정책토론회였다. 청소, 주차, 보행환경을 주제로 2일간 3차에 걸쳐 국회의원실과 구의회, 해당 분야 전문가, 주민, 공무원 등 총 600여 명이 참여한 메머드급 토론장이 열린 것이다.

5개동에서 시작한 〈주민자치회〉가 2022년부터 12개동으로 확대 운영된다. 탁트인골목만들기 등 주민 주도, 주민 참여의 행성이 더욱 활성화될 전망이다.

영등포 외국인 주민의 목소리를 대변함과 동시에 내외국인간, 민관 상호간 소통과 화합을 위한 중추적 역할을 담당할 〈상호문화 참여단〉을 구성하였다. 영등포구가 명실상부한 글로벌 도시로 도약하는데 큰 역할을 할 것으로 기대한다.

더불어 〈구민만족도·인식도 조사〉 또한 정기적으로 시행하여 주민의 의사를 구정에 녹여내고자 했다.

'일수독박 수질무성'一手獨拍 雖疾無聲
한 손으로 쳐서는 아무리 빨라도 소리가 나지 않는다.

《한비자》 공명편에 나오는 말이다. 이 글귀를 읽으면서 나는 '협치'를 떠올렸다. 구청장만이 할 수 있는 일이 있기도 하지만 혼자서는 도저히 할 수 없는 일도 많다. 맞잡아야 제대로 되는 일이 있다, 박수처럼.

법과 제도가 강제하지 않더라도 중요하다 싶은 현안이면 나는 되도록 주민설명회나 간담회를 연다. 주민의 의견을 직접 듣고 동의를 구하고 공감을 얻고자 한다. 구정의 시작과 끝은 결국 구민의 뜻이 아니겠는가. 구민의 생각에 공감을 더하고 안 될 거라는 편견은 빼고 역할을 분담해서 협력하면 이루지 못할 일이 없다. 참여민주주의와 협치, 그렇게 일을 해야 제대로 된다.

3장

기초행정

당선 직후 첫 구청장협의회의가 열렸다. 협업과 소통으로 각 자치구와 서울시의 발전을 이루자고 다짐하는 자리였다. 오후에 있었던 워크숍에서 박원순 시장님은 이런 말씀을 했다.

"큰 건물 짓는 거시적 담론보다는 청소와 쓰레기 등 작은 것부터 하나씩 실천하고 주민들께 겸손하라."

초선이고 당시 40대였던 서울의 가장 젊은 구청장인 나는 뭔가 대단한 구상, 획기적인 프로젝트를 꿈꾸고 있었는지도 모른다. 그런 나에게 박시장님의 조언은 그야말로 일침이 되어 뇌리에 박혔다.

'나의 욕심이 아니라 구민의 눈높이에서 시작하자', '거창한 이상이 아니라 피부에 와 닿는 현장의 문제에 집중하자'고 마음먹었다. 장밋빛 무지개가 아니라 눈에 보이는 불편한 일들부터 해결하기로 다짐했다. '청소, 주차, 보행환경'이라는 나의 기초행정 행보는 그렇게 시작되었다.

민선7기 전환점을 돌던 2020년 5월 〈구정 만족도 조사〉에서 '만족한다'고 답한 응답자는 79.8%였다. 특히 민선7기에서 추진 중인 분야별 정책 가운데 '쾌적한 주거 안심도시'(88.7%) 분야의 만족도가 가장 높았다.

언론은 '영등포 구민 행정 만족도 80%… 청소행정 싹 바꿔'란 제목의 기사를 보도했다. 구민들의 행정 만족도가 1년 사이 22.6%포인트나 급등했다.

당시 구민들로부터 '거리가 깨끗해져 걸어 다닐 때 쾌적하다'는 얘기를 많이 들었다. 기초행정·생활행정에 집중한 노력이 주민의 실제 체감으로 이어진 것이다.

나부터 빗자루를 들었다. 주민들의 동참이 이어졌고, 주민자치 조직과의 간담회나 행사가 잡히면 우선 함께 골목길 청소부터 했다. 그리고 청소 시스템을 전면 개편해 권역별로 청소 업무를 강화하도록 진두지휘했다.

〈청결기동대〉를 운영하여 평일 오후나 주말에도 공백 없이 24시간 청소업무가 가능하게 했다. 음식물종량기기 RFID를 대거 도입하고 클린하우스를 거점별로 설치해 쓰레기 배출 시스템을 개선

영등포전통시장 아침 청소

했다. 거리의 흉물처럼 되어 있던 의류수거함을 대폭 정비하고, 세련된 디자인으로 〈영의정〉(영등포의류정거장) 270개를 새로 설치하기도 했다.

무엇보다 구청 직원들이 스스로 신나서 일을 할 수 있어야 했다. 담당 부서에 힘을 실어줬고 인사에 적극 반영했다. 청소 행정에서 성과를 낸 직원들에게 승진과 보직에 인센티브를 부여했다. 이전까지 격무만 따르는 기피 부서로 여겨졌던 청소과가 선호하는 인기 부서가 되었다.

〈영등포 쓰다점빵〉, 영등포 쓰레기 다이어트 점빵. 〈영재지원단〉(영등포 재활용 실천지원단)으로 활동하는 주민 23명을 주축으로 시작되었다. 이들은 매주 화요일마다 지역 폐기물 분리수거 거점장소인 클린하우스와 재활용정거장 10곳에 진을 친다. 쓰레기를 버리러 온 주민들을 대상으로 올바른 분리배출 방법을 안내하고 홍보한다. 또한 현장에서 주민들이 가져온 재활용 폐기물을 쓰레기봉투로 교환해 줌으로써 폐기물 판매 수익을 주민들에게 돌려주는 역할도 수행한다.

예전에는 수거된 폐기물을 재활용 선별장으로 이송한 후 별도의 선별 과정을 거쳐 처리해야 했으나, 영재지원단이 나서 분리배

출을 선제적으로 하게 되면서 선별 과정을 생략해 폐기물 처리 비용을 절감할 수 있었다.

절감한 비용은 고스란히 주민들에게 돌아간다. 쓰다점빵 10개소에서 단 두 차례 활동한 결과, 재활용 폐기물 400㎏을 수거하고, 주민들에게 500장 가량의 쓰레기봉투를 교환해 주는 실적을 올리기도 했다. 대림3동을 시작으로 당산2동으로 시범운영 되었고, 전체 동으로 확대해 운영된다. 주민이 주도하는 자원순환 문화를 조성하는 데 큰 기여를 하고 있다.

내가 쓰다점빵 이야기를 장황하게 쓴 이유가 있다. 쓰레기 없는 깨끗한 거리와 쾌적한 도시는 청소행정만으로 이루어질 수 없다는 것을 실감하기 때문이다. 주민의 의식 변화와 참여가 있어야 가능하다. 치우기 전에 버리지 않아야 하고 버리는 것을 줄여야 한다. 탁 트인 도시는 주민과 함께 만들어 가는 청소문화에 답이 있다.

자투리땅을 주차장으로

주차공간 2,958면 확충! 2018년 283면을 시작으로 2021년까지 도합 2,958면의 주차공간을 새로이 확보했다. 3년만에 10배가 넘는 비율로 주차공간 확충이 이루어진 것이다.

"어떻게 그런 일이 가능해? 숫자 장난 아니오?"

서울 다른 지역에서 구청장을 역임했던 어느 선배 정치인이 깜짝 놀라며 던진 반문이다. 서울의 구청 행정을 아는 사람이면 어쩌면 당연한 반응일 게다. 그도 그럴 것이 땅값 비싼 서울에서 주차면 하나를 만드는데 1억 원 정도의 돈이 든다. 재정이 있다손 쳐도 땅을 구하기도 어렵다.

〈방치된 자투리땅을 주차장으로〉. 주택가 등에 방치되어 있는 나대지나 유휴부지를 발굴하여 주차장으로 활용하는 사업을 진행했다. 17개소 512면(2021년 10월 기준)의 공용주차장이 새로 만들어졌다. 주민들은 시간당 1200원, 월 4만 원의 저렴한 이용요금으로 집 근처 주차면을 얻게 되었다. 주차장으로 사용과 사업진행에 동의를 해준 토지주에겐 인센티브가 주어진다. 주차장 운영으로 발생하는 수익금 귀속이나 재산세 감면을 선택할 수 있게 했다.

주차행정 주무부서만이 아니라 18개동 주민센터가 합심하여 혼신의 힘을 기울였다. 방치된 땅을 찾는 것에서 시작해 토지주를 만나야 했고, 여러 번 방문해 설득을 하는 경우도 많았다. 누가 적극행정, 총력행정, 소통행정의 모범사례를 물으면 나는 주저 없이 자투리땅 주차장 조성사업을 꼽고 싶다.

〈건물 부설주차장 개방 사업〉이 주차장 부족에 숨통을 틔우는 큰 몫을 했다. 영등포의 자동차 등록대수 대비 주차장 확보율은 120%에 달한다. 그런데도 주택가의 주차난은 심각하다. 그 이유는 대형건물의 부설주차장을 제외하면 차량대수 대비 주차장 확보율은 80%에도 못 미치기 때문이다.

형식적 주차율과 주민이 체감하는 주차율의 괴리, 그 격차를 좁히는 것에서 주차난 해소의 방법을 찾은 것이 이 사업이다. 교회 등 종교시설의 평일이나 기업체 및 공공기관 건물의 야간 시간대는 부설주차장이 거의 빈다. 이 유휴 주차장을 주민이 활용할 수 있도록 건물주와 협약하는 사업을 펼쳤다.

35개소 1,527면(2021년 10월 기준)의 주차공간이 만들어졌다. 주차장 개방에 동의하는 건물에는 차단기, CCTV 설치 등 시설개선에 필요한 경비를 지원했다. 이를 통해 주차면 하나에 8천만 원 이상의 재원을 절약할 수 있으니 꿩 먹고 알 먹고, 누이 좋고 매부 좋은 매력 행정 아닌가.

더불어 기존 주차공간의 효용을 높여 주차난 해소에 도움을

건축물 부설주차장 개방·공유사업 협약식
일시 : 2019. 11. 19 (화)
영등포구 · 신길교회 · 공군호텔

방치된 땅을 활용한 양평역 거주자우선주차장

주기도 했다. 대표적인 것이 〈주차공유〉. 거주자우선주차장은 24시간 상시 주차되는 경우가 거의 없다. 사무용 건물 주변의 주차장은 낮에도 비어 있는 경우가 허다하다. 이런 공간을 선정해 주차공유 사업을 확대해 나갔다. 16개소 822면(2021년 10월 기준)의 공유주차 면을 확보할 수 있었다. 사용이 편리해야 효과를 볼 수 있는 사업이기에 전문 업체와의 협약으로 사물인터넷(IoT)을 활용해서 스마트폰으로 손쉽게 이용할 수 있도록 했다. 주차장 개방과 마찬가지로, 주차면을 새로 건설하면서 발생하는 토지 사용의 비효율을 피하고 재정도 절감하는 효과가 크게 기대된다.

공유경제가 우리 미래가 나아갈 방향이라고들 한다. 주차장 공유 사업이 양적으로 확대되고 질적으로 더욱 진일보하게 되면 길가 대부분의 주차장들은 '모두의 모두를 위한 주차장'이 되지 않을까 기대해 본다. 주차난의 근본적 해소는 일시적 방편이나 몇 가지 제도가 아니라 카셰어링처럼 자동차와 주차에 대한 시각과 이용 문화의 전환적 변화가 있어야 하지 않을까.

방치된 자투리땅을 주차장으로 활용하자는 아이디어는 누군가의 정책제안이나 다른 지역의 사례가 있어 만들어진 것이 아니다. 영등포 곳곳을 걷다 보니 버려진 듯한 유휴부지들이 눈에 들어왔다. 그런 곳은 십중팔구 쓰레기와 오물이 널려 있었다. 위생 문제가 심각했고, 도시 미관적으로도 흉했으며, 청소년 탈선이나 범죄의 공간으로 이용될까 봐 걱정되었다.

처음엔 쓰레기를 치워 깨끗하게 하기만 했다. 그런데 어느 순간 방치된 땅이 아깝다는 생각이 들었다. 서울의 지방정부가 사업을 해보려 들면 늘 땅이 없다. 공간만 있으면 하고 싶은 게 무한할 것 같은 생각이 들 때가 한두 번이 아니었다.

'이런 땅을 잘 이용할 수 없을까? 맞다, 주차장!'

자투리땅이 공용주차장으로 변신하게 된 것도 발품행정의 소득이었고 현장행정의 선물이었다.

민선7기는 보행환경 개선 사업의 발자취로 가득했다고 해도 무방할 정도다.

영중로와 영등포시장 사거리 보행환경 개선 사업은 영등포청과 시장 거리 정비로 이어졌고, 영등포전통시장의 노점정비와 시설 현대화로 번져갔다. 당산골문화거리, 골목길 재생, 탁트인 골목만들기는 걷기 좋은 마을 만들기의 대표적 사례다. 안전통학로를 만드는 일, 여성안심귀갓길 등도 안전한 보행환경을 위한 사업들이다. 안양천, 도림천과 샛강에 환경을 정비하여 수변 생태순환길을 다듬는 것 또한 힐링에 좋은 보행환경을 조성하기 위함이다. 공사장 가설울타리 디자인 개선과 금연거리 확대도 도시 미관이나 건강권과 더불어 보행을 즐겁게 하기 위한 일이다.

2018년까지만 해도 영등포에는 없었던 〈보행친화거리〉가 2021년 6월 기준 1,940m 조성되었다.

〈영등포역 앞 보행환경 개선사업〉은 버스정류장 통·폐합, 보도 정비, 가로수 교체 및 띠녹지 조성, 환기구·가로등 교체, 문화공간 조성 등 영중로를 보행자 중심의 쾌적하고 탁 트인 거리로 탈바꿈하게 하였다.

이어 〈영등포시장사거리〉 구간의 수목 교체, 로터리 가로화단 조성, 보도 재포장 및 지장물 정비를 통해 도시미관을 개선하고 안전하고 걷기 편한 탁 트인 거리로 만들어졌다. 영등포역 주변의 거리가 다른 도시로 착각될 정도로 바뀌었다고들 한다.

〈영등포전통시장〉 변화의 모멘텀도 시장을 찾는 사람들이 걷기 편하게 해야 한다는 것에서 찾았다. 중앙통로에는 192개의 노점상이 무질서하게 위치하여 소방차 통행을 막고, 겨우 한두 사람이 간신히 지나다닐 수 있는 상황이었다. 안전한 보행로 확보와 노후한 시설과 환경 정비가 시급했다.

꾸준한 대화와 소통으로 중앙노점 정비를 추진했다. 2019년 10월, 오랜 갈등을 딛고 시장 입구인 남문 70m 구간의 중앙 노점상을 시장 통로 가장자리로 일제히 이동시키고 개방성을 확보했다.

또한 2020년 7월에는 중앙통로 110m와 순대골목 60m 구간에 2열로 영업 중이던 119개의 노점상을 1열 26개로 축소하고, 통일된 디자인과 규격으로 정비했다. 60년 역사를 오롯이 품고 있는 영등포전통시장이 변하고 있다.

왕복 4차선 대로에 위치한 〈영등포청과시장〉 보행로는 불법 가설물과 상품 적치로 보행환경이 열악하여 주민들과 상인들 간의 갈등이 심했다. 또한 천막 어닝 등 노후한 시설은 도시미관을 저해하고, 인근 대형쇼핑몰의 쾌적한 쇼핑환경에 밀려 시장 경쟁력을 떨어뜨리는 요소였다.

2020년 2월, 불법 적치물 정비와 아케이드 설치 등 청과시장 일대를 안전하고 쾌적한 보행친화거리로 탈바꿈하는 계획을 수립했다. 오랜 대화와 타협으로 관행처럼 수용되던 상품 적치선을 제거했다. 인도 위 불법 적치물과 가설물을 정비하고, 펀개형 아케이드·LED 가로등 설치, 노후 하수관로 개량 등 보행환경을 개선했다. 낡고 복잡한 청과시장 일대가 걷고 싶은 거리로 거듭나고 있다. 청과시장의 탁트인 보행환경을 유지하기 위해 점포 앞 상품 진열, 파레트 등 적치물에 대해 지속적으로 현장점검하고, 상인 스스로 정비를 할 수 있도록 계도하는 등 사후관리에도 만전을 기하고 있다.

앞으로 가판대, 가림막 등 부대시설들도 깔끔하고 상인들이 이용하기 편리한 디자인으로 개선하여 찾고 싶은 시장으로 활력을 불어넣을 계획이다. 쾌적하고 안전하고 걷기 좋은 길은 시장도 살리고 주민도 편안하게 하는 상생의 길이다.

〈당산골 문화의 거리〉는 주민커뮤니티공간 및 마을도서관, 사회적기업, 갤러리 등이 보행친화 디자인거리 조성과 맞물려 새로운 골목으로 만들어지고 있다. 〈신길3동 골목길 재생사업〉은 도로 전면 재정비, 감나무마을마당 조경, 골목길 안내판·CCTV 및 소화기·쿨링포그 설치, 교통안전표지판 교체 등 골목을 확 바꾸어 놓

걷고 싶은 거리, 영등포 보행환경의 변화 : 보행친화거리 확장

2018 기준 0M에 불과했던 친화거리

2019 영중로 290M

2020 영등포전통시장 북문 600M

2021 청과시장 280M, 영중로 300M, 영등포로 640M, 양산로 260M, 디지털길 350M

왔다.

민선7기 지역현안에 대한 주민의 목소리를 경청하여 탄생한 〈탁트인 골목 만들기〉 사업을 통해 취약계단 안전 개선, 노후 담장·옹벽 미관 개선, 화단 조성, 무단투기지역 환경 개선 등 19개 다양한 주민참여형 골목환경 개선사업이 진행되었다.

걷기 좋은 골목길은 영등포 여러 골목에서 기분 좋은 변화를 일으키고 있다. 밝은 거리는 사람을 모으고 문화를 만드는 힘이 있다. 안전하고 쾌적한 골목은 주민들의 즐거운 만남을 선물한다. 걷기 좋은 길이 살기 좋은 마을을 만든다.

보행환경 개선 사업에 있어 빼놓을 수 없는 것이 안전한 통학로를 조성하는 일이었다. '안심통학로' 사업에 〈나 혼자 학교 간다〉라는 프로젝트 이름을 붙인 것은 어린이가 혼자서도 등교할 수 있는 안전한 도로환경과 거리를 반드시 만들어 내겠다는 굳은 사업의지의 표현이다.

학교별 현장조사와 소통을 통해 민관이 협력하여 통학로 개선안을 검토하고 실행 가능한 계획을 수립하였다. 주요 통학로로 활용되고 있지만 보행환경 조성이 어렵거나 차량으로 인해 보행에 위험이 높다고 판단되는 구간을 선정하여 〈차 없는 거리〉를 추진하였다.

관내 어린이보호구역 주변 노면표시 및 도색, 시설물 개선을 진행했다. 영신초교를 시작으로 19개 초교 앞 횡단보도에 바닥신호등을 설치하고, 음성안내보조장치와 신호과속단속카메라 확대를 통해 학교 앞 횡단보도 사고 예방을 위한 복합시설을 구축하고 있다.

하천 생태계 회복을 위해 노력하고, 푸른 녹음과 여름철 그늘을 제공하여 수변 이용을 쾌적하게 하고 산책로를 정비하였다. 한강, 샛강, 안양천, 도림천 등 총 20.7km의 〈수변 생태순환길〉에 안내판 설치, 데크로드 및 목계단 설치, 산책로 포장 정비, 등의자 설치 등 수변길 개선 사업을 진행했다.

산책로 주변 장미꽃길과 그늘목 등 수목 식재 및 초화단지를 조성하여 누구나 찾아와서 쉴 수 있는 공간, 볼거리가 풍부한 공간, 녹지가 풍부한 생태공간으로 조성하였다. 쾌적한 길은 힐링을 가져다준다.

금연구역을 확대하여 담배연기 없는 쾌적하고 걷기 좋은 거리를 조성하기 위해 애썼다. 무분별한 실외 흡연을 막고자 총 115개소의 금연거리를 구 조례를 통하여 지정하여 관리하고 있다. 또한, 불법흡연을 막고 산발적 흡연을 방지하고자 한국일보와 MOU 체결을 통해 여의도 증권가 일대를 중심으로 흡연부스 7개소를 비예산으로 설치하였다. 민원발생 집중구간 등 금연거리를 지속적으로 발굴하고 흡연부스 설치 및 개방으로 흡연자와 비흡연자의 권리를 모두 보장함으로써 보다 안전하고 쾌적한 영등포를 만들고자 한다.

공개공지 등 대형건축물이 속한 대지 22개소, 금연거리 총 115개소를 지정 완료하였다. 유동인구가 많은 민원다발지역에 대해 금연구역을 지속적으로 확대하여 어린이집 시설 경계 10m 이내 및 관내 초·중·고등학교 주요 통학로를 금연구역으로 지정하였고, 관내 어린이집 대상 흡연관련 피해 전수조사를 실시하여 흡연행위 단속 및 계도, 금연구역 안내판 추가 설치 등을 완료하였다. 주기적인 전수조사 실시로 집중 단속, 금연구역 확대 및 관련 법령 준수를 위한 캠페인 활동 등도 진행할 것이다. 〈금연거리 조성〉은 건강권과 더불어 보행권, 걷기 편한 거리를 만들고자 함이다.

"길, 소통과 상생으로 다시 태어나다"

영등포역 앞 노점을 정비한 후 이루어진 영중로 선포식 행사의 제목이다. 민선7기 영등포에서 펼쳐진 주요 역점 사업들은 모두 보행친화도시를 만드는 과정이었다 해도 과언이 아니다. 3대 숙원 과제에 대한 해결이 그렇고, 청소·주차·보행환경의 3대 기초행정에 집중한 것도 걷기 편한 거리와 골목을 만들고자 함이었다.

자동차보다 사람이 우선인 도시, 보행자 중심도시가 제대로 된 도시다. 보행자 중심 도시는 사람 중심 도시다. 걷기 편한 도시가 살기 좋은 도시다.

4장

청렴 행정

'병역면탈, 부동산투기, 탈세, 위장전입, 논문표절, 성범죄, 음주운전'

흔히 공직사회 7대 비위로 꼽는 것들이다. 어느 하나 해당하는 일이 없었고, 사회적 물의를 일으킨 적도 없다. 국회의원, 시장, 대통령을 모시면서 내가 배운 최고의 덕목은 겸손과 청렴이다.

'청렴은 지방관의 본래 직무로 모든 선善의 원천이며, 모든 덕德의 근본이다. 청렴하지 않고서 지방관 노릇을 잘할 수 있는 사람은 없다.'

다산 정약용 선생이 《목민심서》 율기편에서 쓴 글귀다. 나는 공직자의 기본 소양 중에서 청렴이 가장 중요한 가치라고 생각한다. 공직자라면 지위 고하를 막론하고 국민이 낸 귀한 세금을 소중히 써야 하고, 공무를 통해 자신의 이익을 추구하지 않아야 한다.

매년 고위공직자 재산공개가 이루어진다. 서울시 25명의 구청장 중에서 연속 꼴찌를 했다. 경제적 생활인으로서 어쩌면 부끄러운 일이기도 하다. 부정과 청탁으로 재산을 축적하는 일을 우리는 종종 본다. 공직자로서 최소한 그런 일은 없어야 한다고 늘 다짐해왔고 정도正道를 지켜왔다고 감히 자부한다.

청렴 인사

인사가 만사다! 인사가 흔들리면 그 사람이 하는 일이 흔들릴 수밖에 없다. 일의 성패는 그 일을 하는 사람에게 달려 있다. 영등포역 노점상 정비 때도 그랬고, 청소나 주차 같은 문제도 마찬가지였다. 흔들리지 않고 끝까지 일을 성사시킬 수 있도록 직원들에게 힘을 실어주었고, 제대로 결과를 내면 그에 상응하는 인사가 뒤따랐다.

인사는 직원들의 사기와 직결된다. 아무리 열심히 해도 대접받지 못한다면 누가 제대로 일하려고 하겠는가. 선출직 지자체장의 가장 강력한 권한은 인사권이라고들 한다. 짧으면 4년, 길어야 12년을 머물다 가는 구청장이 직원들을 제대로 이끌어 가려면 인사를 잘해야 한다.

청렴과 실력, 그리고 평판의 세 가지를 인사의 기준으로 삼았다. 아무리 실력이 출중하고 평이 좋아도 이권에 개입되거나 비위가 있는 직원은 인사에서 과감히 배제했다.

내가 늘 입버릇처럼 직원들에게 하는 말이 있다.

"원칙대로 소신껏 진행하세요."

무슨 일이든 직원들에게 원칙과 소신을 강조한다. 원칙과 소신

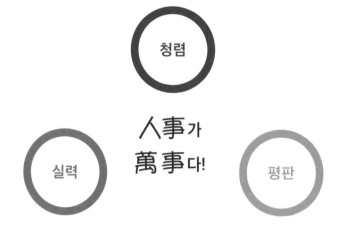

이 사라지면 그때부터는 제대로 일하기 힘들어진다. 원칙과 소신은 청렴해야 지킬 수 있다. 가장 청렴한 것이 가장 효율적이다.

구청장이 되어 내가 지키고자 했던 가장 중요한 원칙 중 하나가 '청탁에 의한 인사는 없다'는 것이다. 이 다짐을 지키기 위해 부단히 애썼다. 때로는 관계가 틀어진 적이 있을 만큼 인사청탁이나 이권 관련 제안은 멀리해왔다. 그것은 내가 고매한 사람이어서가 아니다. 나 자신을 그렇게 관리해야만 한다고 생각했다. 나부터 깨끗해야 직원들에게 청렴하고 소신있는 행정을 요구할 수 있다.

청렴 영등포

최근 영등포구는 국민권익위원회에서 실시한 〈2020년 공공기관 부패방지 시책평가 1등급〉을 달성했다. 3년 연속 1등급을 받은 기관은 전국에서 단 4곳에 불과하고, 이 가운데 광역과 기초를 통틀어 지방자치단체로서는 영등포구가 유일하다.

공공기관 부패방지 시책평가는 공공기관의 자발적인 반부패 노력을 평가하며, 공공부문의 청렴 수준을 높이기 위한 목적으로 2002년부터 매년 실시되어 왔다. 2020년에는 중앙행정기관, 광역·기초지자체, 시·도교육청, 공직유관단체 등 총 263개 기관을 대상으로 2019년 11월부터 2020년 10월까지 기관별 부패방지 추진 실적을 종합 평가했다. 그 결과 영등포구는 반부패 계획 수립, 청렴생태계 조성·실효성 확보, 청렴행정·청렴경영 성과 확산, 부패방지제도 운영 등 4개 부문에서 뚜렷한 성과를 인정받았다. 3년 연속 부패방지 시책평가 1등급 달성은 영등포구의 높은 청렴도와 공평무사한 업무수행 능력을 입증한 것이라 할 만하다.

또 서울시 〈2020년 반부패 및 청렴실천 우수사례〉에서 '맞춤형 FHPA 진단 프로그램을 통한 영등포구 부패방지 환류시스템 구축 운영' 사례가 반부패 부문 최우수상을 받았다. '주민주도형 동 청렴서당'의 운영은 청렴실천 부문 우수 사례로 선정됐다. 서울시

청렴 선포식

자치구 중 유일하게 2관왕을 이뤘다. 우리가 기울인 청렴행정에 대한 노력이 이런 결실로 이어지자 청렴에 바탕을 둔 구정 운영, 보다 깨끗하고 신뢰받는 청렴도시 영등포에 대한 공감대가 더욱 확산되는 계기가 되고 있다.

고강도 청렴시책을 추진하고자 '반부패 청렴 시책 추진단'을 구성하고 분기별로 취약분야 반부패·청렴 추진상황 보고회를 개최함으로써 추진동력을 확보하였다. 청렴독서, 청렴퀴즈, 도전 청렴골든벨, 부패취약부서 청렴간담회, 출근시간 청렴캠페인 등 다양한 프로그램을 운영해 청렴 교육이 일상이 되도록 유도했다. 이러한 피부에 와 닿는 '직원 참여형 시책'을 통해 더욱 효과적으로 조직 내 청렴문화를 정착시키고자 했다.

공익 제보와 신고를 활성화하기 위하여 공익 제보와 공직비리 신고 관련 메뉴를 일원화한 '영등포 공익제보신고처리센터'를 운영하였고, 조직 내 갑질 부패행위를 근절하는 '카카오톡 익명신고채널'을 만들었다. '블록체인 기반 제안서 평가시스템'도 구축했다.

앞으로도 구민에게 신뢰받는 청렴 영등포를 구현하기 위해 부단히 노력할 것이다. 행정은 투명하고 공정할 때 가장 효율적이다.

영등포구
YEONGDEUNGPO-GU

5장

구청장의 일

    서울대에 진학하면서 정치학과를 선택했다. 사회에서 어느 하나 중요하지 않은 영역이 있겠냐마는 정치가 가장 종합적으로 지대한 역할을 할 수 있다고 생각했기 때문이다.

    그런 선택 때문이기도 했고 존경하던 선배의 영향이기도 해서 30대에 국회를 직장으로 삼게 되었다. 그때부터 영등포는 나의 새로운 삶터와 일터, 제2의 고향이 되었다. 선출직을 꿈꾸고 준비하면서 늘 영등포를 먼저 떠올렸다. 내가 영등포로 출마하게 된 것은 어쩌면 당연한 것이었다.

주말이면 이곳 골목과 거리를 걷고 또 걸었다. 영등포의 민낯과 속살을 보는 시간이었다. 현장과 함께한 지난 4년이 더욱더 나를 영등포 사람, 영등포 일꾼으로 만들었다. 일 잘하는 구청장, 주민이 사랑하는 구청장, 영등포가 오래 기억하는 그런 사람이 되고 싶다는 꿈을 갖게 되었다.

구정 운영 철학

'서생적 문제의식과 상인적 현실감각'

김대중 대통령님의 말씀이다. 이는 나의 정치와 행정과 삶의 가장 중요한 지침이다. 나는 현실에 안주하지 않고 높은 이상을 추구한다. 그러나 나는 진보주의자이기 이전에 실용주의자다.

'모든 이론은 회색이며, 오직 영원한 것은 저 푸른 생명의 나무이다.'

누구는 이렇게 말하지 않았던가. 이처럼 나는 내 고유의 색을 고집하기보다 현실의 문제에 다가서는 방책을 찾는 것이 중요하다고 생각한다. 모름지기 정치와 행정은 이상과 현실의 조화, 실사구시의 안목을 갖추어야 한다.

'반칙과 특권 없는 세상'

노무현 대통령께서 외쳤던 말씀이다. 그리고 이는 노무현의 꿈이 아니라 우리의 현실이 되어야 하지 않을까.

상식이어야 할 것이 꿈처럼 되다 보니 최근 공정과 정의라는 화두가 빈번히 회자되고 있는 듯하다. 구청장은 정치인이기도 하지만 행정가이다. 인사는 공정하게 하고 행정은 투명하게 하는 것이

문재인 대통령과 함께

그 핵심이라고 나는 생각
한다.

구청장에 당선되기
전 마지막 직장은 청와대
였다. 참모로서 내가 마
지막으로 모신 분이 문재
인 대통령님이다. 그분의 가르침 중에 하나를 꼽으라면 '사람이 먼
저다'라는 말씀일 것이다. 국민의 입장을 최우선하는 정치와 행정
을 하라는 뜻일 게다.

나는 후보로서 유권자의 요구를, 당선인으로서 지역의 숙원을,
구청장이 되어 구민의 목소리를 내가 하는 일의 나침반으로 삼았
다. 해결책이 잘 보이지 않으면 늘 구민의 이야기를 들어 방법을 찾
았다.

민주정부 세 분의 지도자로부터 배운 것을 가치로 삼고, 국회
와 서울시와 청와대에서의 경험을 밑거름 삼아 민선 7기의 방향을
설정할 수 있었다.

'현장', '중용', '균형', '공정', '투명'의 5대 구정 운영 지침.

나는 민선7기 영등포 구정을 이끌면서 어려움에 부닥치면 늘
이 다섯 가지 원리와 원칙을 떠올리며 헤쳐 나갔다.

민주당 구청장

'탁트인 영등포'는 김영주 국회의원께서 열어가는 '영등포 시대', 김민석 국회의원께서 일궈가는 '일등포'와 다르지 않다. 구청장인 내가 민주당 지역위원회의 일원이기에 가능한 일들이 아주 많다.

지역위원회의 도움이 없으면 할 수 없는 일 또한 숱하다. 구정의 동반자인 구의회의 협력도 내가 집권여당인 민주당의 구성원이어서 원활하게 이루어질 수 있었다.

아직 대한민국 지방정부의 재정 여건은 녹록치가 않다. 하고 싶은 일, 해야 할 일에 비해 재정은 늘 모자란다. 중앙정부와 광역자치단체에서 돈을 끌어 오지 않으면 감당할 수 없다. 그 최일선에 국회의원이 있고, 시의원이 있다. 민주당 국회의원, 시의원, 구의원님들의 도움은 구청장이 일을 제대로 하는 데 있어 너무도 중요하다.

영등포는 당과 행정의 협력이 가장 잘 되는 자치구다. 지면을 빌려 국회의원님, 시의원님, 구의원님들께 감사를 드린다.

더불어민주당 영등포 갑/을 지역위원회-영등포구 당정협의회

일시 2020. 4. 22.(수) 10:00   장소 영등포구청 별관 5층 대강당

구청장의 일

"비가 오지 않아도, 비가 너무 많이 내려도 다 내 책임인 것 같았다. 아홉시 뉴스를 보고 있으면 어느 것 하나 대통령의 책임 아닌 것이 없었다. 대통령은 그런 자리였다."

_노무현 대통령

대수롭지 않게 흘려 읽었던 노무현 대통령님의 말씀이 구청장 4년여를 보내고 나서야 큰 울림으로 다가온다.

구민의 경사는 구청장의 기쁨이고, 애사는 구청장의 슬픔이다. 영등포의 자랑거리는 구청장의 긍지가 되고, 감추고 싶은 것은 구청장의 부끄러움이 된다. 영등포의 모든 거리와 골목이 나의 일터다. 영등포의 모든 건물과 집들이 내가 관리해야 하는 보금자리들이다. 영등포의 모든 숲과 개천을 살펴야 한다. 영등포의 모든 어르신과 부모와 아이가 내가 보살필 가족이다.

영등포에는 채현일의 일이 아닌 것이 없다.

구청장의 일

제1판 1쇄 인쇄   2022년 2월 7일
제1판 1쇄 발행   2022년 2월 11일

지은이   채현일
펴낸이   김덕문

책임편집   손미정
디자인   블랙페퍼디자인
마케팅   이종률
제작   백상종

펴낸곳   더봄
등록일   2015년 4월 20일
주소   서울시 노원구 화랑로51길 78, 507동 1208호
대표전화   02-975-8007   ‖   **팩스**   02-975-8006
전자우편   thebom21@naver.com
블로그   blog.naver.com/thebom21

ⓒ 채현일, 2022

ISBN 979-11-88522-97-2 03340